LE SPIRITUALISME AU XIXe SIÈCLE EN FRANCE : UNE PHILOSOPHIE POUR L'ÉDUCATION ?

DANS LA MÊME COLLECTION

DROUIN-HANS A.-M., *Éducation et utopies*, 2004, 288 pages.

DUBREUCQ É., *Une éducation républicaine. Marion, Buisson, Durkheim*, 2004, 238 pages.

FABRE M., *Philosophie et pédagogie du problème*, 2009, 288 pages.

JEANMART G., *Généalogie de la docilité dans l'Antiquité et le Haut Moyen Âge*, 2007, 272 pages.

MILHAUD-CAPPE D., *Freud et le mouvement de pédagogie psychanalytique, 1908-1937. A. Aichhorn, H. Zulliger, O. Pfister*, préface de B. Saint-Sernin, 2007, 300 pages.

VERGNIOUX A., *Théories pédagogiques, recherches épistémologiques*, 2009, 160 pages.

SCHEFFLER I., *Les conditions de la connaissance. Une introduction à l'épistémologie et à l'éducation*, traduction M. Le Du, précédée de « Raison, éducation et rituel. La philosophie d'Israel Scheffler » par M. Le Du, 2011, 192 pages.

MOREAU D., *Éducation et théorie morale*, 2011, 320 pages.

FRELAT-KAHN B., *Pragmatisme et éducation. James, Dewey, Rorty*, 2013, 212 pages.

PHILOSOPHIE DE L'ÉDUCATION

Directeur : Alain VERGNIOUX

LAURENCE LOEFFEL

LE SPIRITUALISME AU XIXe SIÈCLE EN FRANCE : UNE PHILOSOPHIE POUR L'ÉDUCATION ?

PARIS
LIBRAIRIE PHILOSOPHIQUE J. VRIN
6, place de la Sorbonne, V^{e}
2014

Imprimé en France

ISSN 1765-8055
ISBN 978-2-7116-2566-6

www.vrin.fr

INTRODUCTION

LE SPIRITUALISME : UNE PHILOSOPHIE DE LA LIBERTÉ

La fin du XIXe siècle en France a vu l'implication de philosophes de formation et de métier dans la rénovation des principes et des fins de l'éducation scolaire, l'investissement de la philosophie dans la pédagogie constituant l'un des traits les plus singuliers et les plus permanents de l'école républicaine française. Cette singularité ne traduit cependant pas seulement le besoin d'une philosophie de l'éducation ou d'une science philosophique de l'éducation appelé par la nécessité de fonder la République et l'école sur des bases intellectuelles et doctrinales rénovées et stables. Elle traduit plus largement le besoin d'une philosophie de la liberté adaptée aux idéaux et aux valeurs d'une société héritière de la Révolution française, définitivement émancipée des anciennes allégeances, mais en quête de nouveaux fondements. « L'œuvre essentielle de notre temps [est] la fondation de la liberté par la régénération des consciences individuelles », écrit Ernest Renan dans une préface aux *Essais de morale et de critique*[1]. C'est là l'expression de l'idéal philosophique commun aux républicains sous le Second Empire et que rappelle Pierre Decormeille : « L'aspiration viscérale, le cri du cœur le plus unanime, l'enthousiasme le mieux partagé au monde des républicains sous le Second Empire, fut la revendication de la liberté dans tous les domaines, à tous les niveaux… »[2]. Fonder philosophiquement la liberté s'impose en effet comme la tâche essentielle d'une société pour laquelle la Révolution constitue à la fois un

1. E. Renan, *Essais de morale et de critique*, Paris, Calmann-Lévy, 1859, p. XI.
2. Voir P. Decormeille, « La philosophie politique républicaine », dans L. Hamon (dir.), *Les républicains sous le Second Empire*, Paris, Maison des Sciences de l'Homme, 1988.

moment inaugural et un traumatisme. L'événement a laissé en legs un vide institutionnel comme un vide de croyances. Il a offert « le spectacle inédit d'un changement politique d'une ampleur inouïe qui n'a pas d'effets politiques stables, d'un bouleversement politique impossible à fixer, d'un événement interminable et indéterminé »[1]. Absorber ce choc, en tirer les leçons, renouveler les bases de la société au moyen de croyances communes dans le respect du principe de liberté, telle est le problème philosophico-politique propre à la société post-révolutionnaire. La crainte d'une liberté incontrôlée dégénérant en un individualisme dissolvant ou en une démocratie aux mains d'un peuple déréglé hante les esprits, libéraux comme traditionalistes. La conjoncture du premier XIXe siècle est ainsi favorable à l'éclosion d'une nouvelle philosophie susceptible d'établir les principes de l'ordre moral et social rendu nécessaire par la Révolution. L'aspiration à des formes renouvelées de l'activité philosophique engage à ce moment une double critique : celle de la philosophie dominante au XVIIIe siècle, le sensualisme condillacien, coupable d'avoir sacrifié l'homme et la liberté, dans sa quête des premiers principes ; celle des partisans du retour à l'Autorité tels Joseph de Maistre ou le vicomte de Bonald, ne voyant le salut de la société que dans le retour aux anciennes allégeances. Une philosophie qui exprime les espoirs du temps présent ne peut être qu'une philosophie de la liberté. Les orientations en sont formulées dès 1813 par Germaine de Staël dans *De l'Allemagne* dont le but est d'esquisser, pour la France, les voies d'une philosophie adaptée aux idéaux et aux valeurs issues de la Révolution[2]. Cette nouvelle philosophie doit se recentrer sur l'activité intérieure de l'âme, lieu électif de la dignité de l'homme, de sa liberté, foyer d'une foi renouvelée. Ses orientations la situent à l'opposé du matérialisme calculateur de la philosophie française du XVIIIe siècle auquel on reproche d'avoir engendré un scepticisme responsable de l'anéantissement de Dieu et de la liberté. Madame de Staël conseille de tourner le regard vers Descartes dont l'intérêt est d'avoir orienté la philosophie en direction de l'intériorité de l'âme, suivi en cela par Pascal et Malebranche. Elle est aussi l'une des premières à attirer l'attention sur la philosophie écossaise dont la psychologie lui semble digne d'intérêt. Mais c'est dans la philosophie allemande et tout particulièrement chez Kant que Madame de Staël voit la source d'un renouveau de la philosophie. Il revient en effet à Kant d'avoir conféré à la

1. Voir P. Manent [1987] (2006), *Histoire intellectuelle du libéralisme*, Paris, Hachette, chap. VII, p. 177.

2. G. de Staël, *De l'Allemagne* [1813, 1815], Paris, Garnier-Flammarion, 1968.

métaphysique un nouveau centre de gravité, un point d'appui stable à l'intérieur de l'homme en restaurant dans la philosophie le principe de l'activité de l'âme. Avec la réhabilitation de l'intériorité, Kant n'a pas seulement permis d'asseoir la morale sur le sentiment du devoir, il a aussi ouvert la voie à une « manière libre et grande de concevoir la religion »[1], il a libéré la puissance du sentiment religieux qu'il reviendra à Jacobi de placer au fondement de la morale.

Les lignes de force du renouveau de la philosophie brillamment esquissées dans *De l'Allemagne* annoncent les principes de ce qui sera développé par Maine de Biran et Cousin sous le nom de spiritualisme : la fondation philosophique de la liberté de l'homme passe par la restauration des droits de l'esprit, de son indépendance à l'égard des sensations et de la matière, la nouvelle orientation de l'activité philosophique étant elle-même marquée par le retour au moi et le primat de l'intériorité.

À partir des intuitions de Madame de Staël, le spiritualisme philosophique naît et se développe sur plus d'un siècle, s'imposant à la fois comme la nouvelle philosophie et comme la philosophie de la liberté dont le siècle a besoin. Il est cependant le fruit d'une double paternité, celle de Maine de Biran et celle de Cousin, lui conférant dès l'origine une identité trouble oscillant en permanence entre philosophie et politique. Cette hésitation portée sur la nature même du spiritualisme philosophique a constitué la raison de son discrédit comme de la disqualification de la philosophie française du XIXe siècle jusqu'à Bergson[2]. Comme le souligne André Canivez à propos de Maine de Biran : « Cette philosophie exigeante [...] a été depuis le début du XIXe siècle l'aube d'un nouveau printemps de la pensée. Elle a permis aux esprits assoiffés d'intériorité de traverser, sans mourir, le désert de l'éclectisme, puis du néokantisme, à des hommes comme Lachelier, Lagneau, Bergson de se trouver, et elle n'a pas fini d'alimenter la méditation des meilleurs »[3]. Séparer le bon grain de l'ivraie, tenter de retrouver la pureté d'une tradition philosophique française en marge des « tristes pitreries de l'éclectisme », cette exigence traverse le devenir du spiritualisme au XIXe siècle, elle lui est congénitalement liée.

1. *Ibid.*, p. 238.

2. Depuis une dizaine d'années, cependant, les études philosophiques se multiplient tendant à réhabiliter le spiritualisme. Voir F. Worms (dir.), *Annales bergsoniennes*, V, *Bergson et la politique : de Jaurès à aujourd'hui*, Paris, P.U.F., 2012 et la préface de V. Peillon, p. 9-27.

3. Voir A. Canivez, « Maine de Biran », dans Y. Belaval (dir.), *Histoire de la philosophie* t. 3, « Bibliothèque de la Pléiade », Paris, Gallimard, 1974, p. 74-83, citation p. 83.

UNE AMBIGUÏTÉ ORIGINAIRE

Le propre du spiritualisme philosophique est de n'avoir cessé d'évoluer, en quête d'une formulation et d'une stabilisation de ses principes tout au long du XIXe siècle. Est en cause la compréhension de l'œuvre de Cousin : fondateur de l'*éclectisme*, de ce « demi-spiritualisme »[1] inauguré par Royer-Collard à la faculté des Lettres, Cousin est critiqué au sein même de son « régiment »[2] pour n'avoir pas su formuler les principes d'un authentique spiritualisme philosophique. D'après Ravaisson, c'est à partir d'une relecture de Maine de Biran que la première génération des disciples de Cousin, Jouffroy, Janet, Franck ou Caro ont permis d'orienter la philosophie vers un spiritualisme plus authentique. La dualité profonde qu'introduit Maine de Biran dans sa philosophie n'est pas celle de l'âme et du corps, mais, intérieurement à l'âme, celle de deux facultés distinctes, l'activité et la passivité[3]. D'un côté, l'homme est passif lorsque toutes sortes d'impressions le tiennent sous la dépendance du monde extérieur, mais il est actif dès que la volonté tente de se soustraire aux suggestions des sens et de se déterminer par elle-même. C'est là, d'après Félix Ravaisson qui fait de Maine de Biran le véritable chef de file du spiritualisme philosophique, la découverte du « fait capital qui nous révèle à nous-même comme une existence placée en-dehors du cours de la nature, et qui, par nous, nous fait comprendre que telle est toute véritable existence, et que le reste, qui occupe l'espace et même le temps, n'est comparativement qu'apparence... ». C'est là, « sous la passivité des sensations », « retrouver l'activité », « sous le matériel, retrouver l'esprit même »[4]. Avec sa conception de la psychologie comme base de la métaphysique, Cousin au contraire s'est arrêté à un dualisme grossier, à une méthode d'observation des faits de

1. La formule est de Félix Ravaisson dans le *Rapport sur la philosophie en France au XIXe siècle* [1867], Paris, Fayard, 1984.

2. Ainsi appelle-t-on les professeurs de philosophie recrutés, formés dans le cousinisme et dont Cousin contrôle la carrière.

3. F. Ravaisson, *Rapport sur la philosophie en France au XIXe siècle*, *op. cit.* Le dualisme de l'homme intérieur et de l'homme extérieur inspirera les recherches de Maine de Biran, grand admirateur et lecteur de *De l'Allemagne*, qui confiait à son *Journal intime* en 1819 : « La distinction de l'homme intérieur et de l'homme extérieur est capitale : ce sera le fondement de toutes mes recherches ultérieures. [...] Il y a, en arrière de cet homme extérieur, tel que le considère et en discourt la philosophie logique, morale et physiologique, un homme intérieur, qui est un sujet à part, accessible à sa propre aperception ou intuition, qui porte en lui sa lumière propre, laquelle s'obscurcit, loin de s'aviver, par les rayons venus du dehors ».

4. F. Ravaisson, *Rapport sur la philosophie en France au XIXe siècle*, *op. cit.*, p. 66-67.

conscience ne permettant pas l'accès à ce qui les supporte. Sa critique des tendances mystiques de la pensée l'a poussé à exclure des questions philosophiques tout ce qui touche à l'existence de l'âme et de Dieu, en même temps que tout sentiment, notamment religieux. Entre « sécheresse scolastique » et rhétorique creuse, l'éclectisme de Victor Cousin a, d'après Ravaisson, cessé d'inspirer les recherches philosophiques dès les années 1840.

Reste que Cousin peut se prévaloir d'avoir enfanté « l'école spiritualiste » qui sous la Monarchie de Juillet, s'identifie avec la philosophie universitaire hégémonique à l'École normale, à l'Université et dans l'enseignement secondaire. Les hésitations doctrinales du spiritualisme philosophique sont ainsi compensées par la domination de cette école qui, sous la haute autorité de Cousin, s'exerce dans le recrutement et la formation des professeurs de philosophie (il préside le jury de l'agrégation de 1830 à 1850), le contrôle de leur carrière (nomination aux chaires de l'enseignement supérieur), l'inspiration des programmes et des méthodes d'enseignement, le contrôle des institutions savantes comme l'Académie des sciences morales et politiques restaurée en 1832 où Cousin se fait élire dans la section de philosophie et où il fera élire ses partisans. Cette école spiritualiste s'identifie encore à la défense de la philosophie contre les ambitions de l'Église qu'elle concurrence dans la visée d'édification d'un nouveau pouvoir spirituel. « Le siècle de la théologie pure est fini, a pu écrire Cousin ; celui de la philosophie, ou de l'explication est venu. N'attendez rien du clergé pour la philosophie religieuse ; ce sont les laïques qui formeront la nouvelle Église, comme les Gentils ont fait la première »[1]. L'école spiritualiste, enfin, c'est aussi une bannière, un drapeau, l'étendard des bonnes causes. Victor Cousin n'a pas toujours professé ce spiritualisme politique. Lors de son premier voyage en Allemagne, en 1817, alors qu'il se lie d'amitié avec Hegel et s'interroge sur les conditions d'une acclimatation de la philosophie allemande à la philosophie française, il fait part dans une lettre de son souci de laisser l'école spiritualiste naissante prospérer selon des voies philosophiques propres : « Je serais plus jeune encore que mon âge, si j'allais troubler notre naissante école spiritualiste en la jetant brusquement dans l'étude prématurée de doctrines étrangères, dont il n'est pas aisé de bien saisir les mérites et les défauts, et de mesurer la juste portée. Non : laissons la nouvelle philosophie française se développer naturellement par sa vertu propre, par la puissance de sa méthode, cette méthode psychologique, si dédaignée en Allemagne et

1. Lettre de Cousin à A. Lassus, régent de 7ème au collège de Toulon, le 1er mars 1830.

qui est à mes yeux la source unique de toute vraie lumière, en suivant les instincts héréditaires du génie français, considéré particulièrement à l'époque la plus illustre de sa grandeur passée, et dans ce qui fait aujourd'hui en quelque sorte l'âme des temps nouveaux : je veux dire les principes de la révolution de 1789 »[1]. L'ambition première de Cousin est bien d'être le père d'une nouvelle école de philosophie proprement française. Il en deviendra le « pape »[2] avec la formulation bien plus tardive d'un spiritualisme populaire présenté comme dépositaire des vérités morales éternelles (liberté, immortalité de l'âme, existence de Dieu), né sous la pression des circonstances[3]. Dans la biographie qu'il consacre à son maître, Janet reconnaît que Cousin a été contraint de modifier sa philosophie en ce sens, pour des raisons conjoncturelles liées à une montée de l'athéisme en Europe dans les années 1850[4]. Mais il considère comme légitime le tournant pris par l'éclectisme à ce moment, l'athéisme faisant peser sur les esprits une menace de « dissolution universelle ». Bien mieux, il avance que c'est cette préoccupation qui a été à l'origine du renouvellement de l'éclectisme, à l'aide de Leibniz et de Biran, dans les travaux d'Émile Saisset, Adolphe Franck, Jules Simon, Francisque Bouillier et Eugène Bersot[5]. Cette génération de philosophes universitaires a ainsi trouvé un puissant moyen de se fédérer dans la défense d'un spiritualisme politique identifié comme le camp de ceux qui défendent la cause de la philosophie et de la liberté contre les ennemis de la raison et du libre examen et contre les tenants de ce « matérialisme grossier » dont les conséquences morales sont inacceptables. Adolphe Franck y insiste dans la préface au *Dictionnaire des sciences philosophiques*[6], somme et gloire du cousinisme, auquel ont contribué des caciques de l'école spiritualiste, pour la plupart, par ailleurs, émancipés de l'éclectisme : Amédée Jacques, Eugène Bersot, Paul Janet, Jules Simon, Émile Saisset, Étienne Vacherot, Francisque Bouillier. En dépit de divergences philosophiques manifestes, l'école spiritualiste se rassemble autour du principe d'une visée politique de la philosophie : le combat théorique pour le triomphe des idées vraies et

1. Cité dans P. Macherey, « Les Débuts philosophiques de Victor Cousin », *Corpus*, 18-19, 1991, p. 29-49.

2. Lucien Jaume parle de la « papauté philosophique de Victor Cousin », dans *L'individu effacé ou le paradoxe du libéralisme français*, Paris, Fayard, 1997, 3e partie, chap. I.

3. La meilleure formulation en est dans l'édition de 1853 de *Du Vrai, du Beau, du Bien*, Paris, Ladrange.

4. P. Janet, *Victor Cousin et son oeuvre*, Paris, Hachette, 1885, p. 387.

5. Et lui-même pourrait-on ajouter.

6. A. Franck, *Dictionnaire des sciences philosophiques*, Paris, Hachette, 1852.

des saines croyances n'est pas qu'un combat d'idées; c'est un combat stratégique qui vise la diffusion de ces idées et de ces croyances dans la société et la reconnaissance des philosophes comme clergé laïque apte à exercer le magistère moral et spirituel dont la société a besoin.

Nombreux sont les disciples émancipés de Cousin, mais leur émancipation ne s'opère pas sur la base d'une réaction contre les usages politiques de la philosophie. Au contraire : avec la génération des philosophes de la République, Paul Janet, Jules Simon, Ferdinand Buisson, Gabriel Compayré, Henri Marion, Georges Dumesnil, Émile Boutroux, Gabriel Séailles, pour ne citer que les principaux, cette dimension de la philosophie sera de plus en plus légitime. La stratégie philosophico-politique de Cousin visant à fonder la liberté par l'institution de croyances morales renouvelées se poursuit au sein de l'école spiritualiste selon des voies qui visent à dépasser l'éclectisme tout en réalisant le programme que Cousin formulait dès 1815: « Soutenons la liberté française encore mal assurée et chancelante au milieu des tombeaux et des débris qui nous environnent, par une morale qui l'affermisse à jamais »[1].

Mais le ralliement de Cousin à la Monarchie de Juillet compromet ce programme. Cousin n'était ni républicain, ni démocrate. Il voyait dans la Charte et dans la monarchie constitutionnelle la traduction en politique de sa philosophie. Allié des doctrinaires, il cherche à promouvoir une conception de la liberté suffisamment étendue pour faire valoir les droits de la philosophie et du sujet pensant face à la politique de réaction d'un Bonald ou d'un Lamennais, mais assez bornée pour dénier ce droit à la masse du peuple auquel il dénie la capacité à se gouverner lui-même. La liberté par l'exercice de la philosophie n'est pas accessible à tous. C'est l'un des *credo* de l'éclectisme qui justifie de pérenniser le rôle de contrôle social que la religion assure auprès du peuple. En ce sens, l'éclectisme fait figure de philosophie libérale, certes, mais aussi conservatrice. C'est là le motif qui conduit la philosophie spiritualiste à s'émanciper du cousinisme et de l'éclectisme et à chercher la formulation d'une philosophie de la liberté plus authentique.

1. Cité dans L. Jaume, *L'individu effacé ou le paradoxe du libéralisme français*, *op. cit.*, p. 470.

UNE PHILOSOPHIE DE LA LIBERTÉ AU SERVICE D'UNE PHILOSOPHIE DE L'ÉDUCATION

Dès la Monarchie de Juillet et plus encore à partir des années 1840, la cartographie du spiritualisme est celle d'une dissidence permanente à l'égard de la doctrine de Cousin. Le paradoxe, c'est que les différentes formulations de cette sécession se font au nom d'un spiritualisme plus libéral parce que plus religieux. Elle commence précocement avec Pierre Leroux et Edgar Quinet qui comptent parmi les plus virulents détracteurs de l'éclectisme. Déçus de l'éclectisme, tous deux mettent leurs espoirs dans des formes renouvelées de la religion seules susceptibles de soutenir une pensée de l'Homme, une foi en l'Homme. « … Nous qui avons foi dans la philosophie, écrit Leroux, et y voyons tout s'y rapporter et en dépendre, nous qui cherchons la vérité religieuse, et qui savons que nous et la génération qui nous suivra arriverons à la religion par la philosophie, nous avouons franchement que nous mettons l'intérêt le plus vif à ces sortes de discussion »[1]. La psychologie à laquelle se réduit toute la philosophie dans l'éclectisme, faute d'insuffler une foi en l'homme, est une doctrine de mort; « c'est une sorte de *spleen*, une variété de *spleen* », écrit Leroux. Chez Quinet, le désenchantement à l'égard de Cousin motive un abandon des espoirs mis dans la philosophie. Ce qu'il attendait de l'éclectisme, il l'espère d'une religion seule à même de fournir une foi commune au genre humain, commandant la marche vers l'avenir. Avec Quinet, suivi en cela de Ferdinand Buisson, s'affirme un « spiritualisme démocratico-prophétique »[2] nourri de la déception de la philosophie, tourné vers la formulation d'une religion de l'avenir, une religion laïque et démocratique. La scène de l'affrontement entre philosophie et religion se déplace ainsi pour mettre à jour de nouveaux clivages mais aussi des recompositions inédites. Le réinvestissement du religieux dans la philosophie universitaire à partir des années 1840, permettra l'alliance objective du spiritualisme philosophique et du spiritualisme prophétique d'un Buisson. Avec Paul Janet, Jules Simon, Adolphe Franck, Émile Saisset, Elme Caro, Émile Boutroux, la philosophie réintègre l'idée de Dieu, le sentiment religieux et la religion comme dimension intime de l'existence et de la coexistence humaines.

1. Article « Conscience », *Encyclopédie nouvelle*, réédité dans V. Peillon, *Pierre Leroux et le socialisme républicain. Une tradition philosophique*, Bordeaux, Le Bord de L'eau éditions, 2003.

2. La formule est de Paul Bénichou à propos d'Edgar Quinet dans *Le temps des prophètes. Doctrines de l'âge romantique*, Paris, Gallimard, 1977, p. 492.

Non pas sur le mode éclectique d'un compromis nécessaire, ou pire, d'une compromission, mais comme condition de la liberté de la personne humaine.

Cette reprise du religieux au sein des cadres cousiniens, est l'une des lignes de force des évolutions du spiritualisme au XIXe siècle. La dimension religieuse à l'œuvre dans ces diverses expressions de l'idée spiritualiste n'est cependant pas à comprendre comme un retour aux anciennes allégeances, mais bien comme l'affirmation d'une dissidence à l'égard des religions instituées, catholique comme protestante, dont la conséquence pratique est un traditionalisme moral et social. Le rejet des autorités traditionnelles, c'est-à-dire non soumises au libre examen, est une constante de ce spiritualisme rénové qui accompagne l'aspiration à une philosophie du sujet et de la conscience plus authentique, autre nom d'une philosophie de la liberté comprise comme souveraineté sur soi-même.

La définition de la liberté comme souveraineté sur soi-même ou gouvernement de soi fait du spiritualisme par lui-même une philosophie de l'éducation, mais là encore selon des formulations diversifiées : dans sa formulation cousinienne, la méthode psychologique d'observation des faits de conscience à la base de la métaphysique est par elle-même une méthode d'éducation de soi par laquelle l'individu est amené à mieux connaître les facultés de l'âme et par laquelle il s'entraîne à subordonner les facultés inférieures (imagination, sentiment) aux facultés supérieures (raison, conscience, volonté). Ce principe fondamental fait de la philosophie par elle-même un exercice d'éducation. Dans le spiritualisme rénové, l'exigence de souveraineté sur soi-même cherche ses voies plus précisément dans une philosophie morale visant à concilier Dieu et la morale de Kant. La philosophie de Kant est au centre des spéculations sur la morale dans la philosophie de Janet, de Boutroux, de Barni, de Lachelier. Conformément aux intuitions de Madame de Staël, elle est considérée comme la meilleure expression de l'idéal des temps nouveaux. Mais la philosophie spiritualiste ne recueille pas toute la philosophie de Kant. Kant est « débarbouillé », selon la métaphore utilisée par Victor Cousin dans une lettre à Hegel du 5 avril 1830[1]. Comme en atteste l'ample article que le

1. « Je roule dans ma tête un projet qui pourrait la [la philosophie] servir et naturaliser en France l'esprit de ce grand et admirable mouvement qui depuis quarante ans va toujours en croissant en Allemagne. Je songe à entreprendre une traduction ou plutôt une refonte de Kant. Tant que Kant ne sera pas connu, il n'y aura rien de fait et l'Allemagne n'est pas pour la France. Le père connu au contraire, les enfants et les petits-enfants le seront bientôt. Mais quelle entreprise ! Mon courage recule ! – Cependant une idée me soutient, c'est que Kant, une

Dictionnaire des Sciences philosophiques[1] lui consacre, il est reproché au philosophe de Königsberg une métaphysique absconse et un langage incompréhensible. C'est ainsi par sa philosophie morale que Kant s'impose comme philosophe des temps modernes, encore convient-il de la corriger. L'« erreur » en effet de la philosophie de Kant est de ne pas avoir su faire sa place au sentiment et tout particulièrement au dévouement dans la morale, à côté du devoir. Avec davantage de précision philosophique, les cours de Paul Janet à La Sorbonne à partir de 1867, ceux d'Émile Boutroux en 1896-1897[2] ou encore de Jules Lachelier à l'École Normale de 1864 à 1875, procèderont à la fécondation du spiritualisme par la philosophie de Kant, autant dire que d'une manière ou d'une autre, ils l'annexeront au spiritualisme et chercheront en elle les services qu'elle peut rendre. En témoigne Célestin Bouglé évoquant dans l'entre-deux guerres les cours de Jules Lachelier à l'École Normale : « La principale leçon que retenaient ceux qui allaient avoir à enseigner la philosophie dans les lycées, c'est qu'un retour à Kant, s'il vous interdit toutes sortes de spéculations hasardeuses, vous garantit du coup les certitudes nécessaires à la pensée qui veut comprendre le monde et agir sur lui »[3].

Dans la formulation que lui donne Ferdinand Buisson, la philosophie de l'éducation se traduit en un spiritualisme religieux et laïque. La visée du gouvernement de soi qui lui est propre s'alimente toutefois moins à la philosophie de Kant qu'à la pensée religieuse d'Edgar Quinet ou celle du théologien Auguste Sabatier ; elle cherche aussi ses voies dans une proximité avec l'unitarisme américain porté par le réformateur William Channing. Son but est la réforme des consciences individuelles, leur émancipation à l'égard des dogmes des religions instituées, l'originalité de Buisson au regard du spiritualisme universitaire consistant dans un engagement plus décisif dans le combat pour l'émancipation de l'enfance populaire et pour le triomphe de l'idéal démocratique.

fois mis en Français, et un peu débarbouillé, pourrait se présenter à tout le monde et aller en Angleterre, en Italie, en Amérique et dans l'Inde. Mais je m'arrête et vous demande votre avis sur cette idée ! » [Paris, 5 avril 1830].

1. A. Franck, *Dictionnaire des sciences philosophiques*, *op. cit.*, 2e édition, 1874, p. 856-877.

2. Parus en un volume sous le titre *La philosophie de Kant*, Paris, Vrin, 1968.

3. C. Bouglé, *Les maîtres de la philosophie universitaire*, chap. 1, « Spiritualisme et kantisme », Jules Lachelier, Paris, Librairie Maloine, 1937. Célestin Bouglé est alors directeur de l'École normale supérieure.

Au moment de la révolution scolaire à la fin du XIXe siècle, le bouleversement majeur tiendra dans l'introduction d'une morale et d'une éducation morale laïques obligatoires à l'école primaire. Dans cette période, Buisson est aux commandes et au premier plan, comme principal artisan de cette morale conçue et enseignée sans dogme emprunté aux religions positives. Mais cette morale était en gestation de longue date dans la philosophie spiritualiste. Œuvrant depuis plus de soixante-dix ans à la laïcisation de la morale par la philosophie, constant depuis Victor Cousin dans la défense d'une *laïcité spiritualiste*, doté d'un réseau de professeurs de philosophie aussi compétents que prestigieux, le spiritualisme universitaire est à cette date structurellement prédisposé à formuler les principes et les fins de la morale enseignée dans les Écoles normales d'instituteurs et d'institutrices et dans les écoles primaires élémentaires. La tâche du spiritualisme philosophique est alors inédite : adapter ses principes à l'éducation de l'enfance populaire, en somme, faire de la philosophie une philosophie *pour* l'éducation, une philosophie dont le nouvel usage sera celui de l'éducation de l'enfant. Cette entreprise ne s'est pas menée sans ambiguïtés, entre conservatisme et progressisme, tradition et émancipation, idéal démocratique et élitisme. Se détachent de cette histoire deux figures majeures, celle de Janet et celle de Buisson dont les affinités sont aussi réelles que ce qui les sépare : Buisson ne fait pas partie des tenants de la philosophie officielle. En continuité avec la tradition cousinienne, celle-ci est prédisposée à fixer les normes du bon usage des savoirs et des croyances, à remplir un office de contrôle social. En tant que telle son implication dans les réformes visant l'éducation de l'enfance populaire est hantée par la tentation conservatrice. Le spiritualisme prophétique de Buisson, au contraire, le pousse à un idéalisme révolutionnaire largement démarqué des principes consensuels dont la philosophie est à ce moment-là dépositaire.

L'un et l'autre ont pourtant œuvré de concert à un même but : éduquer à la liberté et acculturer aux valeurs communes de la République et de la démocratie, insuffler à l'école et par l'école l'idéal des temps modernes.

Le présent ouvrage se propose de retracer la formation du paradigme spiritualiste, ses évolutions, ses transformations et son implication dans la formulation des principes et des fins de l'éducation scolaire, du premier XIXe siècle jusqu'à l'aube du XXe siècle. Le premier chapitre restitue la tradition cousinienne et ses contextes de développement dans sa double dimension philosophique et politique. Le chapitre deux décrit les modalités de relation entre la morale et la religion, la manière inédite dont le religieux féconde la philosophie l'engageant sur la voie d'un spiritualisme rénové et d'une philosophie morale exigeante et élevée pour laquelle la visée supérieure de l'individu est l'appartenance à soi-même. Le troisième chapitre s'attache à préciser la teneur doctrinale spiritualiste de l'éducation morale scolaire sensible dans les manuels ; elle engage la prise en compte de la dernière philosophie de Cousin, mais éclaire aussi les voies inédites développées par Ferdinand Buisson. Ce sont ces voies que le dernier chapitre s'attache à explorer, soulignant les écarts et les affinités entre le spiritualisme philosophique et le spiritualisme démocratique et prophétique de Buisson, visant à en préciser les sources et les enjeux.

CHAPITRE PREMIER

D'UN SPIRITUALISME À L'AUTRE : LA FONDATION DE LA LIBERTÉ

LE CREUSET ROMANTIQUE ET LIBÉRAL

Au lendemain de la Révolution, le spiritualisme s'affirme avant tout comme une réorientation de fond de la pensée, sur fond de bilan critique de la Révolution et des Lumières. La dynamique de cette réorientation est à chercher dans la quête d'un sens de l'histoire et surtout de son assignation. Il ne s'agit pas seulement pour l'élite intellectuelle du premier XIXe siècle, de prendre acte de l'événement révolutionnaire comme rupture dans le temps, il s'agit de lui assigner un sens, de le *comprendre* en ce qu'il marque non seulement un arrêt, mais principalement un commencement, le *terminus a quo* à partir duquel la société à venir puisse se penser elle-même en vue de se construire et de se produire, où elle acquiert cette propriété de réflexivité propre à la démocratie, par laquelle elle s'auto-institue et s'auto-limite[1].

Les développements du spiritualisme, au lendemain de la Révolution s'inscrivent dans le cadre de cet impératif de réinvention du lien social, moral et politique. Avant même que ses grandes orientations ne soient fixées dans cette « nouvelle philosophie » que Victor Cousin appelle éclectisme, sous la Restauration puis la Monarchie de Juillet, l'idée spiritualiste traduit le besoin d'un renouvellement anthropologique, l'aspiration à

1. Voir C. Castoriadis, « Imaginaire politique grec et moderne », dans *La montée de l'insignifiance. Les carrefours du labyrinthe*, 4, Paris, Seuil, 1996, p. 191-219.

réédifier une conception de l'Homme alternative au matérialisme, au sensualisme et à l'utilitarisme des philosophes des Lumières, l'ouvrage *De l'Esprit*[1] d'Helvétius concentrant à lui seul tous les principes et les conséquences d'une théorie jugée destructrice de l'Humanité et de la morale[2]. Si Helvétius est une cible privilégiée, c'est plus largement la philosophie des Idéologues que l'idée spiritualiste vise à congédier. Au centre de la critique, la négation de la liberté, la perspective d'un déterminisme fondamental des conduites, la réduction à la sensation des facultés supérieures de l'homme, la raison et la volonté, et de la morale à l'intérêt bien compris.

La matrice de cette pensée spiritualiste s'édifiant sur les décombres de l'Idéologie se trouve dans l'ouvrage de Mme de Staël *De l'Allemagne*[3], ouvrage qui n'ouvre pas seulement le débat libéral et romantique[4], mais qui introduit aussi à la discussion philosophique dont se nourrira le spiritualisme cousinien pendant près d'un siècle.

De l'Allemagne *ou la synthèse d'un moment*

Sans prétendre faire œuvre de philosophie, *De l'Allemagne* est un ouvrage dont le but est d'esquisser, pour la France, les voies d'une philosophie adaptée aux idéaux et aux valeurs des nations libres. Mme de Staël a trouvé en Allemagne cette philosophie. Elle n'est pas la seule à s'intéresser à l'Allemagne au lendemain de la Révolution : Benjamin Constant qu'elle rencontre en 1794 l'a précédée et c'est avec lui qu'elle accomplit son premier voyage Outre-Rhin en 1803. Elle y rencontre Goethe, Schiller, Jacobi, Wilhelm Schlegel qu'elle ramènera en France où il sera pour ses enfants un précepteur. *De l'Allemagne* témoigne de sa vaste culture littéraire et philosophique aussi bien française qu'anglaise et allemande. Elle est probablement la première à attirer l'attention sur la philosophie

1. Paru en 1758.

2. Voir par exemple le mémoire que lui consacre Jean-Philibert Damiron, lu à l'Académie des Sciences morales et politiques dans les séances des 6, 13, 20 et 27 novembre, 18 et 29 décembre 1852, 8 et 15 février 1853 : *Mémoire sur Helvétius*, Paris, Typographie de Firmin Didot frères, 1854. Voir aussi l'article Helvétius du *Dictionnaire des Sciences philosophiques* [1852], 1875, *op. cit.*, p. 692-694. Article signé François Riaux.

3. L'ouvrage a été interdit par Napoléon en 1810. « Votre livre n'est point français », écrit à Mme de Staël Savary, duc de Rovigo et ministre de la Police. De 1810 à 1814, elle est interdite de séjour à Paris. *De l'Allemagne* a paru pour la première fois en Angleterre en 1813 et pour la première fois en France en 1815.

4. Sur la place de Mme de Staël dans la formation d'un libéralisme du sujet, voir L. Jaume, *L'individu effacé ou le paradoxe du libéralisme français*, *op. cit.*

écossaise, sur Reid et Stuart (*sic*) en particulier, dont l'étude des facultés intellectuelles suscite son admiration. La première peut-être aussi à saisir l'importance, pour la philosophie à venir, de la voie ouverte par Descartes, dont le génie a « dirigé la philosophie moderne de son temps vers le développement intérieur de l'âme », suivi en cela par Pascal et Malebranche[1]. C'est la philosophie allemande, cependant, et notamment Kant, qui sont maintenant dépositaires de la créativité et de la nouveauté dont Mme de Staël pense qu'elles doivent venir renouveler la philosophie française. Tout en notant que les nations du Nord sont plus enclines qu'aucune autre à « la spiritualité de l'âme » et à « toutes les pensées qui en dérivent », Mme de Staël reconnaît à la philosophie allemande le génie d'avoir fondé une métaphysique en tous points opposée à la métaphysique matérialiste de la philosophie française au XVIIIe siècle. Les philosophes allemands ont prouvé en effet « que le libre arbitre repose sur la doctrine qui affranchit l'âme des objets extérieurs, et que la vertu ne [peut] exister sans la parfaite indépendance du vouloir »[2]. Toute la troisième partie de l'ouvrage consacrée à la philosophie et à la morale est un réquisitoire contre le matérialisme et le sensualisme français coupables d'avoir anéanti « la Divinité dans l'univers et le libre arbitre dans l'homme »[3]. Ce « genre de philosophie » qui se développe en Europe depuis un siècle, s'apparente à un « scepticisme moqueur dont la base est la métaphysique qui attribue toutes nos idées à nos sensations »[4]. D'une telle métaphysique, on ne peut déduire qu'une morale de l'intérêt qui détruit le libre arbitre et la conscience, c'est-à-dire qui ouvre la voie à la justification des actes les plus coupables et les plus condamnables.

L'ouvrage est ainsi aussi un réquisitoire contre la morale de l'intérêt, du froid calcul, de l'égoïsme. À cette morale indifférente au meilleur ou au pire, Mme de Staël oppose une morale fondée sur le sentiment du devoir qu'elle a découvert chez Kant. Elle n'a de Kant qu'une lecture de seconde main, celle du livre de Villers paru en 1801. C'est Villers, dans son *Exposition des principes fondamentaux de la philosophie transcendantale de Kant* qui aurait forgé le néologisme de « sensualisme » pour désigner cette « nouvelle métaphysique française, qui a ôté sa religion à la France, qui a placé les sens sur le trône de la métaphysique et l'intérêt sur celui de la morale, supprimant toute idée de moralité et d'honnêteté publique,

1. G. de Staël, *De l'Allemagne*, Paris, Garnier-Flammarion, 1968, 3e partie, p. 106.
2. *Ibid.*, p. 124.
3. *Ibid.*, p. 109.
4. *Ibid.*, p. 113.

paralysant la conscience, la dépouillant de la honte et de la pudeur, dégradant l'homme et amenant des maux incalculables, cette doctrine superficielle et niaise dont la dernière période est le jacobinisme, qui en était un corollaire indispensable, cet encyclopédisme, fantôme imposant au-dehors, méprisable au-dedans, qui porta le nom de la vertu sur son front et alimenta de sa substance tous les vices »[1].

Mme de Staël reprend la charge de Villers contre l'« imphilosophie »[2] du XVIIIe, et reconnaît à Kant d'avoir rétabli les vérités primitives et l'activité spontanée dans l'âme, la conscience dans la morale, et l'idéal dans les arts ». Kant aurait ainsi lumineusement tracé une ligne de démarcation « entre ce qui nous vient par les sensations et ce qui tient à l'action spontanée de notre âme »[3]. Cette action spontanée de l'âme que Germaine de Staël interprète comme une indépendance métaphysique de l'esprit ouvre la voie à la possibilité d'une conscience libre, c'est-à-dire qui n'est pas le produit des sensations. Cette conscience est attestée en nous par le sentiment « qui n'admet pas le doute » et c'est par elle que nous avons accès aux vérités transcendantes (Dieu, l'infini). En somme, d'après Mme de Staël, Kant a prouvé que le raisonnement n'est valable que dans la sphère des sensations. Pour tout ce qui dépasse cette sphère, le raisonnement est impuissant et c'est à la certitude du sentiment intérieur qu'il doit céder la place. La force proprement bouleversante de Kant, aux yeux de Mme de Staël, tient en ce qu'il réhabilite le sentiment intérieur qui nous donne la certitude de notre liberté, fondement de la doctrine du devoir.

Kant confère ainsi à la métaphysique un nouveau centre de gravité, un point d'appui stable à l'intérieur de l'homme, dans son âme, dans son sens intime. Ce recentrage sur l'intériorité, est, d'après Mme de Staël, le trait commun de ce qu'elle appelle la « nouvelle philosophie allemande » qui

1. D'après F. Picavet, *La philosophie de Kant en France de 1773 à 1814. Introduction à une nouvelle traduction de la Critique de la raison pratique*, Paris, Félix Alcan, 1888, p. XV-XVI. François Picavet y souligne que dès l'introduction de Kant en France sous l'impulsion de l'abbé Grégoire, sa philosophie est pressentie comme le système permettant d'allier métaphysique, morale et religion. En 1794, le professeur Müller écrit à l'abbé Grégoire que la philosophie de Kant encore inconnue en France mérite d'y être transplantée. « … il faut à la France une philosophie spéculative établie sur des bases qui résistent à l'athéisme, au matérialisme, au scepticisme, qui soit capable de détruire le règne du Système de la nature et de tous ceux qui tendent à avilir la nature humaine », cité p. III.

2. Le mot est de Villers.

3. *Ibid.*, p. 132.

« rapporte tout au foyer de l'âme »[1]. La redécouverte de l'intériorité, telle est la révélation que Mme De Staël a cru trouver dans la philosophie de Kant et qui doit inspirer le renouveau de la philosophie française. Se recentrer sur l'âme, sur le moi, c'est faire sa place à une force intérieure indépendante de toute causalité extérieure et physique et témoin du lien de notre existence finie avec l'infini. Car ce n'est pas seulement le devoir et le sacrifice de nos intérêts personnels que l'indépendance métaphysique de l'âme permet, c'est aussi et peut-être surtout la libération de la puissance du sentiment religieux. « La religion n'est rien si elle n'est pas tout », écrit Mme de Staël qui, dans ce domaine, se sépare de Kant pour se rapprocher de Jacobi ; si Kant a su conserver à la religion toute sa place, il s'est trompé en l'écartant des motifs de la morale. Pour Mme de Staël, en effet, la morale ne saurait être indépendante de la religion qui joint à la rigueur du devoir « l'élan de l'amour ». La « religion est le véritable fondement de la morale »[2] ; ce fondement n'est toutefois pas à comprendre comme une assise dogmatique, mais comme un sentiment religieux ou sentiment de l'infini. Lui seul justifie le sacrifice des intérêts personnels. Il est une force qui nous pousse à choisir « ce qui est juste en sacrifiant ce qui est utile », à préférer « l'avenir au présent, l'invisible au visible, et la dignité de l'espèce humaine à la conservation même des individus »[3]. Le but de notre existence sur terre, en effet, n'est pas le bonheur, mais le perfectionnement, horizon qui nous pousse au sacrifice. Le sentiment religieux soutient ainsi le cœur de l'argumentaire anti-utilitariste de *De l'Allemagne*, suivant une logique qui fera date. Cette logique conduit à faire du sentiment religieux une donnée anthropologique, « un fait primitif de l'âme sans lequel il n'y aurait rien dans l'homme que de l'instinct physique et du calcul »[4] ; elle conduit aussi à faire du sentiment religieux le levier du renouveau d'un christianisme plus « universel ».

Le renouvellement religieux espéré ne vaut pas seulement pour le perfectionnement de l'individu, il vaut aussi pour l'espèce et concerne enfin l'intérêt de la société. Contre Voltaire et avec Flopstock, Herder, Stolberg et Jacobi, Germaine de Staël estime que le rôle social de la religion n'est pas d'être « un frein pour le peuple, un moyen de sûreté publique », ou « un garant de plus dans les contrats de ce monde »[5]. Car, souligne-t-elle

1. *Ibid.*, p. 156.
2. *Ibid.*, p. 198.
3. *Ibid.*, p. 189.
4. *Ibid.*, p. 240.
5. *Ibid.*, p. 260.

finement, les esprits supérieurs ont encore plus besoin de piété que les hommes du peuple dans la mesure où leur oisiveté les livre aux aléas de toutes les passions et à la tentation de tous les vices. Le rôle social du sentiment religieux est de susciter l'*enthousiasme* des nations. L'*enthousiasme* n'est pas le fanatisme, c'est une disposition de l'âme, quelque chose de « fier » et d'« animé » qui lui permet de s'arracher au « vulgaire ascendant de l'égoïsme ». Couplé avec le *caractère* qui donne la force d'agir, l'enthousiasme est l'attribut des nations libres.

Indépendance métaphysique de l'âme ou du moi, restauration de la liberté et de la volonté contre le déterminisme des sensations, reformulation du principe d'une morale du devoir sur la base de la philosophie de Kant, affirmation du sentiment religieux comme ressort de la morale, principe du perfectionnement et non de la perfectibilité comme destination de l'homme, ces thèses vont, grâce au cousinisme, se redéfinir comme des orientations hégémoniques de la philosophie française au moins jusqu'au début du siècle.

Mais la dynamique spiritualiste profonde de *De l'Allemagne* réside probablement dans la découverte de l'intériorité et dans la reformulation d'un dualisme entre l'homme extérieur et l'homme intérieur. C'est dans ce double mouvement, par lequel l'humanité et son histoire se réinscrivent dans un horizon métaphysico-religieux, que se constitue le trait distinctif du spiritualisme quelles que soient ses variations. Mais le(s) spiritualisme(s) ne se présente(nt) pas pour autant comme une tendance de la pensée promouvant un retour à l'ordre social antérieur à la Révolution. Ce qui différencie la tendance spiritualiste de ce que l'on appellera dans la période « l'école théologique » dont le vicomte de Bonald ou Joseph de Maistre sont les partisans, tient dans son lien intime avec la pensée libérale qui fait d'elle une héritière de la Révolution.

LE SPIRITUALISME : UNE « PRISE DE PARTI PHILOSOPHIQUE »

Le spiritualisme est l'enfant de la Révolution, mais il n'est pas le seul. Comme l'écrit Paul Janet dans les analyses qu'il consacre à la philosophie de son temps, « la philosophie de notre siècle est née de la politique, de la révolution sociale de 89 ». Qu'il s'agisse de l'« école théologique » (Lamennais, Maistre, de Bonald[1]), de l'« école éclectique » ou de l'« école

1. Ce sont les auteurs cités par Janet.

socialiste » (Leroux [1]), la philosophie du premier XIXe siècle a été pour tous « non pas une science, mais une cause, un drapeau » [2], chaque tendance cherchant à s'édifier et à s'imposer comme expression de l'« esprit moderne ». De ses origines, le spiritualisme conservera tout au long de ses développements une double marque : il désigne une orientation de la philosophie qui enveloppe toujours en même temps une prise de parti politique. Il est, peut-on dire avec Jacques Billard, une « prise de parti philosophique » [3].

Là ne réside pas son originalité, ni au demeurant les motifs de le décréditer, le propre de la période consistant précisément dans une *politisation* de la pensée à entendre comme expression de la pensée dans l'espace public générant des modalités de discours inédits. L'effet en est un brouillage des frontières entre domaines (philosophie, politique et théologie), un « désaisissement » et une déstabilisation de l'autorité au principe du discours : le poète se fait homme politique (Lamartine, Victor Hugo...), le théologien se fait philosophe, le philosophe s'empare de l'autorité à parler de religion comme de politique, ainsi que l'ont fait, suivant la voie ouverte par Victor Cousin lui-même, ses élèves les plus brillants : Jean-Philibert Damiron, Théodore Jouffroy, Émile Saisset, Étienne Vacherot, Paul Janet, Jules Simon ou encore Adolphe Franck, premier « israélite » reçu à l'agrégation de philosophie en 1832 et directeur de publication de cette somme du cousinisme qu'est le *Dictionnaire des Sciences philosophiques*.

L'originalité du spiritualisme réside non dans le fait qu'il est issu de la Révolution, mais plus précisément dans un rapport à l'événement révolutionnaire qui le conduit au projet explicite de fondation de la liberté de l'individu. C'est en cela que ses orientations se veulent à la fois la meilleure compréhension de l'événement révolutionnaire et la meilleure interprétation de la modernité en construction. L'inscription dans ce rapport à la Révolution est le propre d'une filiation spiritualiste dont on peut suivre le fil sur une période d'un siècle, de Cousin à Jaurès, en passant par Janet, Simon, Buisson ou encore Edgar Quinet, pour ne citer que les acteurs de premier plan.

Il s'en faut cependant que cette ligne soit continue. À un demi-siècle d'intervalle, la mise en perspective de deux textes permet d'introduire à

1. Même remarque.

2. *La philosophie française contemporaine*, Paris, Calmann-Lévy, 1879, p. 4. L'ouvrage rassemble un ensemble d'articles parus dans *Le Temps* et la *Revue des deux mondes*.

3. J. Billard, *De l'école à la République. Guizot et Victor Cousin*, Paris, P.U.F., 1999.

cette discontinuité tout en la relativisant, l'un de Cousin, en 1851, l'autre de Ferdinand Buisson, datant de 1904.

Fonder la liberté : de Victor Cousin...

En 1851, Victor Cousin livre à la *Revue des Deux Mondes* un long article qui servira de préface à ses discours politiques[1]. L'article est conjoncturel : il s'agit de prendre position face aux événements de 1848 et à la contre-révolution qui se prépare. Mais il n'est pas que circonstanciel : il a aussi l'allure et le ton d'un testament intellectuel rassemblant les conceptions, les engagements philosophiques et politiques de toute une vie. Cousin s'y livre à un plaidoyer en faveur de la Révolution française, exaltant ses « bienfaits », son rayonnement dans le monde entier. La révolution est à ses yeux la « métamorphose des sociétés humaines quittant leurs anciens fondements, rejetant leurs vieilles autorités, et aspirant à se gouverner elles-mêmes »[2]. Elle marque en somme la rupture avec la tradition, dans une dynamique d'émancipation et d'auto-affirmation d'une modernité sans retour. La Révolution française, c'est « toute la vie privée et sociale » s'élançant « à la conquête d'une nouvelle société ». Enfant de la Révolution, Cousin se proclame aussi héraut de la liberté dont il dit n'avoir « compris » et « aimé » que les « conquêtes », s'honorant « d'avoir été dans tous [ses] ouvrages depuis le premier jusqu'au dernier, dans la chaire comme à la tribune, son interprète modéré mais inébranlable. [Sa] philosophie même n'a guère été que la réflexion appliquée à ses instincts et le résumé de ses maximes »[3].

Cousin conçoit en effet sa philosophie comme une entreprise de fondation de la liberté de l'individu instituée au plan historico-politique par la Révolution. Ce projet passe par l'affirmation de la souveraineté de la raison, d'où son inscription dans une filiation philosophique qui commence avec Descartes et son entreprise de fondation subjective. De même que Descartes a « supprimé l'autorité en philosophie », la Révolution a supprimé l'autorité en politique et ceux qui, tel Joseph de Maistre, en appellent à la restauration de l'autorité et de la tradition, ne mènent plus qu'un combat d'arrière-garde face au triomphe d'une idée en marche, celle de liberté, prouvée par l'« expérience » : les principes de la Révolution

1. V. Cousin, *Des principes de la Révolution française et du gouvernement représentatif suivi de discours politiques*, Paris, Didier et Cie, libraires-éditeurs, 1864.

2. *Ibid.*, introduction, p. VII.

3. *Ibid.*, p. II-III.

française ont triomphé peu à peu dans l'Europe entière. L'événement est lu comme auto-institution de la liberté individuelle et collective, ordonnant de nouvelles tâches à une humanité désormais déliée de ses anciennes appartenances. La liberté de l'individu comme des nations est en effet un *fait* acquis, mais qui ne se suffit pas à lui-même : il requiert une éducation. Cette tâche se dévoile à l'individu par sa conscience lui enjoignant de se perfectionner : « Vous êtes libres, dit la conscience de chacun, et cette liberté, qui fait de vous des êtres à part, des êtres privilégiés dans l'univers, est le titre de votre dignité, le fondement de vos droits et de vos devoirs, la règle et la fin de votre destinée. Vous devez en prendre soin, la cultiver à l'aide d'elle-même, et donner à vos facultés tout leur développement légitime ; car elles n'ont été mises en vous que pour être exercées »[1]. La liberté de l'individu suppose ainsi le principe de l'*éducabilité* de l'espèce et une idée de sa destination, l'homme n'ayant pas d'autre choix que de se perfectionner pour honorer la place élective qui lui est faite dans l'univers. Elle requiert une culture des facultés de l'âme qui tout en même temps la règle et la fonde.

La liberté des nations n'est pas plus souveraine que celle de l'individu. Elle trouve sa limite dans la « souveraineté de la raison », obligeant chacun dans son rapport à l'autre à « faire de sa liberté un usage raisonnable ». La règle de cet usage est l'intérêt de tous, et non l'intérêt personnel, ce que Cousin appelle la « loi suprême de la justice ». Ainsi la conquête majeure de la Révolution doit-elle être comprise comme celle de « l'émancipation complète de l'individu sous les auspices de la justice ». Elle a donné naissance à une législation dont Cousin considère qu'elle est un modèle pour le monde entier, à laquelle préside un « esprit commun de liberté civile et religieuse » apparaissant comme le « modèle de la vie intérieure des peuples libres »[2]. La Révolution française n'a toutefois pas institué l'égalité dont Cousin vilipende le principe, en particulier le « dogme imbécile de la solidarité sociale ». Mais elle a « emprunté » au christianisme le « dogme de la fraternité » qui permet de corriger les inégalités grâce au devoir de ce que Cousin appelle la « charité civile » et qui incombe à l'État : « l'État doit avoir aussi des entrailles. Il doit, tout en respectant la liberté, et sans encourager l'imprévoyance, entreprendre sérieusement la grande affaire

1. *Ibid.*, p. XIII.
2. *Ibid.*, p. XVII.

de la charité civile »[1]. Le meilleur exemple en est le budget de l'instruction publique.

Si le propos de Cousin, ici, n'est pas sans lien avec les conceptions éducatives des Lumières, en ce qu'il assigne à l'éducation une double direction, le perfectionnement moral de l'espèce et le progrès des peuples, il manifeste aussi ses options spiritualistes qui se marquent doublement : d'une part par une idée de la liberté de l'individu comprise primitivement comme *conscience d'être libre*, conscience qui n'est accessible que si l'homme « rentre en lui-même », selon la métaphore qu'il utilise couramment ; d'autre part et en conséquence, l'éducation est comprise dans une visée de perfectionnement *intérieur*. Il s'agit de fonder la liberté *dans* l'individu, par un travail de perfectionnement des facultés permettant de dominer des passions considérées comme « ennemies de la liberté ». Ainsi, l'individu émancipé est-il celui qui s'appartient à lui-même ; de même, les nations libres sont celles qui « s'appartiennent à elles-mêmes » (et qui n'appartiennent à « aucune famille », « aucun maître », « aucune dynastie »), à condition qu'elles fassent régner la justice parmi leurs membres, comme l'individu fait régner la loi de la raison en lui-même en apprenant à se connaître.

... à Ferdinand Buisson

Cinquante ans plus tard, Ferdinand Buisson fait paraître dans les *Annales de la Jeunesse laïque* un article intitulé « Trois aspects d'une idée : la liberté de la personne humaine »[2]. En 1904, sa carrière politique est déjà longue : il a été directeur de l'enseignement primaire au ministère de l'Instruction publique de 1879 à 1896 et le maître d'œuvre de la rénovation de l'enseignement primaire, engagé dans le combat en faveur d'une éducation laïque et libérale pour l'enfance populaire. En 1904, il est député radical et mène, entre autres combats, celui de la laïcisation du personnel enseignant, en suspens depuis la loi Goblet du 30 mars 1886. Il s'agit d'interdire aux congrégations tout droit d'enseigner. Le combat s'étend sur trois ans entre la première loi visant la suppression de l'enseignement congréganiste en juillet 1901, sous le ministère Waldeck-Rousseau, et la loi du 7 juillet 1904, promulguée sous le ministère Combes, prononçant

1. V. Cousin, *Des principes de la Révolution française...*, *op. cit.*, p. XX.

2. F. Buisson, « Annales de la jeunesse laïque », 1904, repris dans *La foi laïque. Extraits de discours et d'écrits, 1878-1911*, Paris, Hachette, 1912. Rééd. M. Gueissaz, Bordeaux, Le Bord de L'eau éditions, 2007, p. 118-129.

l'interdiction définitive d'enseigner à toute congrégation. L'article consacré à la liberté de la personne humaine s'inscrit dans cette polémique qui réactive dans le débat parlementaire et public la question de la liberté de l'enseignement, de son sens, et celle des limites du monopole de l'enseignement. En réponse aux virulentes dénonciations de la « tyrannie de l'État », Buisson esquisse une ligne de frontière très nette entre les droits de la congrégation et ceux du congréganiste. L'État ne peut reconnaître aux congrégations le droit d'enseigner car la congrégation n'est pas une « personnalité collective », une « personne collective ». C'est par un abus de langage et un abus du droit que les congrégations religieuses ont pu se voir octroyer le nom de « libres associations d'hommes libres » et être ainsi considérées comme des « personnes vivantes » alors que les congrégations sont des « organismes artificiels »[1].

C'est dans ce contexte de défense d'une certaine idée de la liberté de l'individu, que Buisson se livre en 1904 à une mise au point sur ce qu'il appelle « la liberté de la personne humaine ». Le premier point notable de l'article est l'affirmation de cette liberté comme principe transcendant les appartenances politiques ou idéologiques concurrentes ou rivales : « libres-penseurs », « républicains » ou « socialistes » ne sont que « les formes et les noms de la même doctrine envisagée à trois points de vue ». Tous trois sont issus de l'idée de liberté, legs de la Révolution française mais aussi, dit Buisson, de la Révolution américaine. À travers cette double référence, Buisson témoigne d'une compréhension profonde du sens des révolutions modernes dont la question centrale est bien celle de la fondation de la liberté ; il manifeste en cela une conscience proprement démocratique, ce qui le démarque sans ambiguïté des engagements de Cousin, la Monarchie constitutionnelle incarnant aux yeux de ce dernier le meilleur des gouvernements représentatifs et le *terminus ad quem* de la Révolution. L'idée de liberté de la personne humaine se décline sous trois aspects : l'individu, le collectif au sens politique, le collectif au sens social. Le primat est accordé à la liberté de l'individu comprise comme « liberté de l'esprit », « liberté intellectuelle et morale » dont « il faut faire usage » pour « avoir droit au nom d'homme libre ». « L'homme est fait pour penser, pour aimer, pour vouloir », il a droit au « plein exercice de ses facultés » ; y renoncer, « ce n'est plus l'homme s'épanouissant selon sa nature, c'est l'homme

1. *Cf.* « La liberté des congrégations et la liberté de l'enseignement », article qu'il livre au journal *Le Temps* (17 septembre 1902), repris dans *La foi laïque. Extraits de discours et d'écrits*, *op. cit.*, p. 118-129.

réduit à la passivité animale »[1]. La liberté de l'esprit, ce que Buisson appelle aussi « autonomie de la conscience », est le lieu de la plus parfaite appartenance à soi-même, « celle qui ne dépend que de l'individu lui-même, celle que lui seul peut se donner ou s'enlever » ; d'où son primat sur la liberté et l'égalité collectives : la liberté est d'abord une affaire de « vie spirituelle intime », condition d'un régime, la « République démocratique » fondée politiquement sur la souveraineté de tous dont le suffrage universel est l'expression, et socialement sur le principe de la fraternité qui commande l'idéal démocratique de justice. Ce que Buisson appelle liberté de l'esprit est le fondement de l'appartenance à soi-même, de ce que l'on pourrait même appeler la souveraineté sur soi-même.

C'est là la formulation d'un *credo* spiritualiste dont on lit aisément la filiation avec les orientations cousiniennes, notamment dans le vocabulaire utilisé par Buisson, s'agissant du développement des facultés humaines et du registre sémantique de l'intériorité. L'expression de « liberté de l'esprit » a toutefois d'autres résonances. Elle a, sous la plume de Buisson, une signification qui tend à se spécifier, précisément dans la période 1902-1905, dans un moment où l'idéal laïque qui est le sien apparaît manifestement homothétique avec celui de la libre pensée[2]. La notion de « liberté de l'esprit » ne signifie pas la conscience d'être libre mais enveloppe explicitement ces deux formes *princeps* de la liberté en démocratie que sont la liberté de penser et la liberté de conscience. Le syntagme ainsi que la référence à la Révolution américaine, signent par là l'engagement décisivement démocratique de Buisson en même temps qu'ils le démarquent de la tradition cousinienne. Dans sa défiance profonde et viscérale à l'égard de la démocratie et du principe de la souveraineté du peuple justifiant son ralliement raisonnable à la Monarchie constitutionnelle, Cousin estimait que la république est une forme de gouvernement représentatif qui n'est pas adaptée à la France et qu'il est bon de [laisser] « aux jeunes sociétés de l'Amérique »[3].

1. « La liberté des congrégations et la liberté de l'enseignement », art. cit.

2. D'où une série de publications en ce sens : Ferdinand Buisson, Charles Wagner, *Libre pensée et protestantisme libéral*, Paris, Fischbacher, 1903 ; Ferdinand Buisson, Gabriel Séailles, *Ce que doit être la libre pensée*, Paris, Librairie de la raison, s.d.; les articles « La libre pensée et la religion » (août 1903), « Réponse à la ligue contre l'athéisme » (12 septembre 1905); « Notre « athéisme » » (13 septembre 1905) repris dans *La foi laïque*, *op. cit.*

3. Voir la Préface aux *Fragments philosophiques*, datée du 30 juin 1833, Genève, Slatkine reprints, 1970, tome V, p. LXXVIII-LXXIX.

Bien que l'engagement en faveur de la démocratie constitue une frontière irréductible entre la pensée de Victor Cousin et celle de Ferdinand Buisson, on peut reconnaître néanmoins dans sa pensée et dans son langage, et cinquante ans après leur entrée sur la scène philosophique, les traits spiritualistes de l'éclectisme cousinien : primat de la liberté individuelle, de l'esprit sur la matière, place élective de l'homme dans la nature, privilège de la vie spirituelle. Buisson ne s'est cependant jamais revendiqué explicitement de cette tradition. Aussi ne s'est-il jamais revendiqué d'aucune école philosophique parmi d'autres, le propre de sa pensée consistant précisément dans un refus d'accorder sa foi à tout système « exclusif », ce qui est, notons-le au passage, l'une des marques du cousinisme.

Reste que Buisson était agrégé de philosophie. Reçu deuxième, il devance des philosophes éminents comme Henri Marion et Émile Boutroux. Au moment où il présente l'agrégation, en 1868, il est en exil à Neuchâtel, proscrit de l'Empire, où il occupe la chaire du philosophe Charles Secrétan. À cette date, il est engagé en Suisse dans la constitution d'une Église libérale sans dogmes, sans miracles et sans prêtres, entreprise à laquelle il associe d'autres protestants, Félix Pécaut et Jules Steeg appelés dix ans plus tard à remplir les plus hautes responsabilités administratives au sein de l'école en voie de rénovation[1]. Il côtoie en exil Edgar Quinet et Jules Barni qu'il considérait comme ses maîtres. Avec Barni, et suivant les directions de la philosophie spiritualiste rénovée, c'est la philosophie de Kant qui est au centre de ses préoccupations[2]. Il n'appartient cependant pas au « sérail » parce qu'il n'est pas normalien et n'appartient pas à proprement parler à ce spiritualisme universitaire incarné par les caciques de l'École que sont Janet, Boutroux, Saisset, Marion ou Compayré. Il n'a par ailleurs jamais enseigné la philosophie au lycée ou à l'Université, mais il a occupé la chaire de Science de l'éducation à la Sorbonne, de 1896 à 1899, succédant à Henri Marion, collaborateur des tout premiers temps de la rénovation de l'enseignement primaire. C'est toutefois moins parce qu'il n'est pas normalien que Buisson n'appartient pas au cénacle de la philosophie universitaire, que parce que dès les années 1860, ses intérêts intellectuels sont tout à la fois philosophiques, religieux et politiques. En 1868, il se fait connaître à Neuchâtel pour avoir déclenché une violente polé-

1. Félix Pécaut sera directeur des études de l'ENS de Fontenay-aux-Roses, dès sa création en 1880. Jules Steeg sera nommé inspecteur général.

2. D'après C. Bouglé, « Sur la philosophie de Ferdinand Buisson », *Revue de métaphysique et de morale*, 1932, p. 529-537.

mique sur l'enseignement de l'histoire sainte dans les écoles[1]. Il mène le combat, déjà, en faveur d'un enseignement laïque. Buisson ne tient pas dans les cadres du spiritualisme universitaire. Jules Lachelier qui règne sur l'École Normale au moment où Buisson présente et réussit l'agrégation s'en alarme[2], lui qui considérait le protestantisme libéral, à la manière de Bonald ou de Comte, tout simplement comme « une forme de l'esprit révolutionnaire, c'est-à-dire de l'esprit de destruction et de négation universelle »[3]. Ainsi la rencontre de Buisson et de la philosophie universitaire ne se présente pas sous les meilleurs auspices. Comme les meilleurs des philosophes qu'il côtoie, il fait une thèse, non sur un sujet de philosophie, toutefois, mais sur Sébastien Castellion célèbre adversaire de Calvin et apôtre de la tolérance. Commencée lors de l'exil à Neuchâtel, la thèse est l'occasion d'approfondissements théologiques nourris de la lecture des réformateurs. Elle ne sera soutenue qu'en 1892.

Buisson n'a ainsi jamais voulu faire œuvre de philosophe, en tout cas pas dans les cadres de la philosophie officielle. Philosophie, politique, religion mais aussi pédagogie sont toujours chez lui intimement liées, la pensée et l'acte n'étant pas dissociés. Mais il importe aussi de considérer que Buisson a recueilli l'essentiel du spiritualisme philosophique que Janet, dans un article qui fait date, résume en ces termes : « Chacun de ces philosophes a ses pensées propres qu'il serait assez difficile peut-être de réduire à un même système, dominées cependant par une maxime commune et fondamentale ; c'est que l'explication suprême doit être cherchée dans ce qui est le plus élevé et non dans ce qui est inférieur : c'est que le fond des choses est l'esprit, la pensée, la liberté, et non la matière, qui, malgré le cri des sens aveuglés, n'est que l'ombre et l'apparence de la réalité »[4].

Voilà un « credo » auquel Buisson a souscrit, bien qu'il fût ennemi de toutes les religions instituées comme de toutes les tendances dogmatiques de la pensée ; Buisson qui, au demeurant, appelait Paul Janet « notre vénéré Maître »[5].

1. F. Buisson, *De l'enseignement de l'histoire sainte dans les écoles primaires*, Paris, Genève, Cherbulliez, 1869.

2. Voir ce qu'en dit V. Peillon, *Une religion pour la République. La foi laïque de Ferdinand Buisson*, Paris, Seuil, p. 103-109.

3. Dans C. Bouglé, *Les maîtres de la philosophie universitaire*, *op. cit.*, p. 13.

4. Voir P. Janet, « La philosophie universitaire », dans *La philosophie française contemporaine*, *op. cit.*, p. 37-54.

5. Dans la leçon d'ouverture de son cours de Science de l'éducation faite à la Sorbonne le 3 décembre 1896 et paru dans la *Revue pédagogique*, n° 12, 15 décembre 1896, p. 581-605.

LA TRADITION COUSINIENNE

Le nom et l'œuvre de Victor Cousin sont associés à une tradition que l'enseignement de la philosophie, institutionnalisée pourtant par ses soins, n'a eu de cesse d'effacer. Il a cependant fixé sous la Monarchie de Juillet les grandes orientations philosophiques du siècle, qu'il a de surcroît inscrites dans les institutions universitaires et savantes : programmes de la classe de philosophie, recrutement et formation des professeurs (l'agrégation de philosophie est créée en 1830. Cousin en est le président jusqu'en 1851), enseignement à l'École Normale, dans les Facultés des Lettres, les lycées, les collèges, contrôle de l'Université, membre du Conseil royal de l'instruction publique sous la Monarchie de Juillet, nommé pair de France (1832-1848), ministre de l'Instruction publique (8 mois en 1840), élu à l'Académie française (1830), à l'Académie des sciences morales et politiques dès sa reconstitution (1832), lieu électif de la diffusion et du contrôle de la recherche savante où, dans la section de philosophie, il fait élire ses partisans.

L'originalité de l'éclectisme cousinien au regard d'autres tendances de la philosophie dans la même période, c'est son inscription institutionnelle, qui a conduit Cousin lui-même à se jeter dans la mêlée politique. Sa part prise aux questions d'enseignement ne touche pas seulement l'institutionnalisation de l'enseignement de la philosophie, mais aussi la création d'une double agrégation scientifique masculine en 1840 (mathématiques et sciences physiques et naturelles) associée à l'introduction de ces deux enseignements à l'École Normale. À quoi s'ajoutent un projet de réforme de l'Université napoléonienne et l'implication dans la mise en place d'une instruction primaire d'État. Cette spécificité du cousinisme en fait une philosophie qui ne peut être considérée simplement comme une tendance parmi d'autres.

Cousin inaugure une tradition à plusieurs titres : au plan philosophique, l'éclectisme procède à la liquidation de l'existence encore vivace d'écoles philosophiques érigées en systèmes qu'il critique comme « exclusifs » : l'école théologique (les catholiques et la défense de l'autorité) et l'école sensualiste (Saint-Simon et son école[1]) et réoriente l'activité philo-

1. Dans la Préface à la deuxième édition des *Fragments philosophiques* (30 juin 1833), Cousin vise explicitement certains articles du *Producteur*, « journal des disciples de Saint-Simon » dont la philosophie est à ses yeux un « matérialisme philosophique et industriel » (p. LII, note 1). C'est le saint-simonisme (avant ses dérives mystiques) que Cousin qualifie de « vieux débris de l'école sensualiste ».

sophique en direction d'une métaphysique prenant appui sur une psychologie dont le projet explicite est la fondation du sujet. Au plan historique, Cousin consomme la rupture de la philosophie et de la théologie, inaugurant ainsi la tradition d'un enseignement de philosophie sécularisé. « Réduire la philosophie à la théologie est un anachronisme intolérable », a-t-il pu écrire ; « la philosophie est à jamais émancipée » [1].

À cette affirmation sans retour des droits d'une philosophie sécularisée sont associées la conception et la construction d'un enseignement d'État. La prise de parti en faveur des droits d'un État enseignant est doublement articulée : à la défense d'un enseignement laïque de la philosophie, d'une part, engageant la formation d'une micro-élite de philosophes universitaires, nouveaux dépositaires d'un magistère moral et spirituel dont il importe de déposséder l'Église ; à la conception d'une éducation et d'une instruction primaires, d'autre part, dont la responsabilité incombe à l'État et dont le but est de régler la liberté des masses.

Psychologie et métaphysique : fondation du sujet et connaissance de soi

L'éclectisme se définit comme une méthode qui recueille de la philosophie expérimentale du XVIIIe siècle le principe de l'observation, principe bon en lui-même, l'observation nous étant « donnée par l'esprit du temps, qui lui-même est l'œuvre de l'esprit général du monde », estime Cousin dans la Préface à la première édition des *Fragments philosophiques* (1826), méthode qu'il se propose de conduire avec rectitude en vue d'assurer les bases d'une authentique psychologie. Ce que Cousin reproche à Locke d'abord puis au sensualisme condillacien, c'est de ne pas avoir appliqué la méthode expérimentale qu'ils préconisaient selon son vrai sens : en Angleterre comme en France, son mauvais usage « n'a pu que détruire sans rien fonder, et le seul système que nous lui devions est celui de la sensation transformée » [2]. Dans ce constat est impliquée une double critique : le système « de la sensation transformée », autrement dit le sensualisme, est « incomplet » et il est de plus « exclusif ». Il est incomplet car, préconisant l'observation, il n'a pas su *tout* observer. Si les faits, en effet, sont bien le point de départ, sinon la « borne » de la philosophie, ces faits n'existent pour nous qu'autant qu'ils arrivent à la conscience. Le champ de

1. *Ibid.*, p. LXXI.
2. V. Cousin, Préface à la première édition des *Fragments philosophiques* (1826).

l'observation philosophique ne peut être ainsi que la conscience. « Il n'y en a pas d'autre ». Or, l'observation des faits de conscience met en évidence deux faits qui ne relèvent pas de la sensation : les faits volontaires et les faits rationnels. La psychologie, c'est-à-dire l'observation intégrale et la classification des faits de conscience, ouvre ainsi nécessairement la voie à une métaphysique comprenant l'étude de faits dont la cause ne se trouve pas dans la sensation, c'est-à-dire dans une cause extérieure, mais dans une cause qui n'a pas d'antécédent et qui doit être en ce sens comprise comme « libre ». « Telle est la notion propre de liberté »[1].

Faute d'un bon usage de la méthode d'observation, la philosophie expérimentale du XVIIIe siècle a ainsi manqué d'observer ces faits qui ne relèvent pas de la sensation et a accordé l'exclusivité au principe de la sensation transformée. D'où le caractère « exclusif » et « incomplet » de ce système. La critique d'« exclusivité » est la base de la conception que développe Cousin de l'histoire de la philosophie. L'histoire de la philosophie est en effet l'histoire de systèmes qui ont tous prétendu à la vérité exclusive, mais qui sont en réalité tous incomplets, tout système étant « vrai par ce qu'il affirme et faux par ce qu'il nie ». Aucun système philosophique n'est jamais ni entièrement faux, ni entièrement vrai, mais chacun est l'expression d'une des quatre tendances de l'esprit humain, à l'exclusion des autres. C'est en cela qu'ils sont faux, par cette « exclusivité » qui fait d'eux des systèmes « incomplets ». Le principe d'une histoire de la philosophie s'enracine ainsi dans le postulat d'une identité entre le développement des systèmes philosophiques et les différentes tendances de l'esprit humain : l'idéalisme, le sensualisme, le scepticisme et le mysticisme. Ces quatre systèmes philosophiques expriment la nature même de l'esprit humain : l'idéalisme, sa tendance à l'hypothèse, le sensualisme, sa tendance réductrice, le scepticisme, sa défiance envers toute croyance et le mysticisme au contraire son incoercible besoin de croire. L'histoire de la philosophie est ainsi elle-même une leçon perpétuelle d'éclectisme, au sens où elle ne fait qu'illustrer les oscillations de l'esprit humain dans son histoire, tantôt sceptique, tantôt idéaliste, sensualiste ou mystique. Comme psychologie conduisant à une métaphysique ou comme histoire de la philosophie, l'activité philosophique se recentre ainsi sur un seul objet : l'esprit[2].

1. *Ibid.*

2. Voir la *Préface* à la traduction du *Manuel d'histoire de la philosophie* de Tennemann, Paris, A. Sautelet, 1829 : « Il n'y a rien à faire qu'à honorer l'esprit humain, à respecter sa liberté, à constater les lois qui la règlent et les systèmes fondamentaux qui émanent de ces lois, à perfectionner sans cesse ces divers systèmes l'un par l'autre, sans tenter d'en détruire aucun,

La supériorité de l'éclectisme spiritualiste comme méthode philosophique se justifie ainsi à plusieurs titres : il permet l'observation scientifique intégrale des contenus de conscience, une observation intérieure, livrant les conditions d'une « science de l'homme » (la psychologie). Pour Cousin, le domaine de cette science, ce sont les « phénomènes du monde intérieur » aperçus par la conscience, comme les phénomènes du monde extérieur sont perçus par les sens et sont l'objet de la physique. Cette méthode est aussi compréhensive de tous les autres systèmes philosophiques dont elle dégage ce qu'ils ont de vrai et de faux ; n'étant ainsi ni « exclusive », ni « incomplète », elle est plus vraie.

La psychologie comprise comme observation et classification de tous les faits de conscience est le point de départ et le fondement de la philosophie, ce que Victor Cousin et, à sa suite, nombre de ses disciples, considèrent comme une « vérité au-dessus de la discussion ». La vraie méthode philosophique commence par la connaissance de soi pour s'étendre à la connaissance de la nature et de Dieu. Philosopher, dans cette perspective, c'est exercer une liberté intérieure dans une dynamique introspective de connaissance de soi qui rend possible une connaissance de l'homme, dynamique qui est à comprendre aussi comme une forme d'auto-éducation prédisposant à l'éducation des autres. Le meilleur éducateur dans cette perspective, est celui qui est capable de l'observation intérieure la plus fine de sorte qu'il tend à la connaissance la plus parfaite et de lui-même et de la nature humaine. D'où, sur la scène philosophique inaugurée par Cousin, la figure élective de Socrate[1] (« connais-toi toi-même ») et, dans la classe de philosophie des lycées, restaurée en 1863 sous le ministère Duruy, la promotion de la « méthode socratique » dont la mise en œuvre est la marque distinctive du bon professeur, réservée à quelques rares talents[2].

en recherchant et en dégageant la portion de vérité que chacun d'eux renferme, et par laquelle chacun d'eux est frère de tous les autres et fils légitime de l'esprit humain ».

1. S'inspirant de l'entreprise de traduction de Schleiermacher, Cousin a lui-même consacré une partie importante de son temps et de son œuvre à la traduction des dialogues de Platon (treize volumes, 1822-1840). Mais l'entrée de la figure de Socrate sur la scène philosophique est probablement plus tardive car liée à la restauration de la classe de philosophie en 1863. Une trace en est fournie par le prix remporté par Alfred Fouillée à l'Académie des sciences morales et politiques (concours de 1867) sur le rapport de Etienne Vacherot (1868) pour son mémoire sur Socrate considéré surtout comme métaphysicien. Il sera publié sous le titre *La Philosophie de Socrate*, par Alfred Fouillée, maître de conférences à l'École Normale Supérieure, 2 tomes, Paris, Ladrange, 1874.

2. Voir B. Poucet, *De l'enseignement de la philosophie. Charles Bénard philosophe et pédagogue*, Paris, Hatier, 1999.

Ce que Cousin a ainsi inscrit dans une tradition, c'est l'institutionnalisation de la philosophie comme modalité inédite d'éducation de soi et du philosophe comme éducateur exemplaire.

Dans le « régiment » de Victor Cousin, la vertu éducative de la philosophie a été maintes fois soulignée : se proposant d'étudier l'esprit humain, « part divine » de l'homme, elle semble particulièrement adaptée aux visées d'une éducation « générale et non spéciale, libérale et non professionnelle », seule à même de « longtemps perfectionner l'homme dans l'ensemble de sa nature, non dans tel ou tel des éléments qui la composent »[1]. À des degrés divers, mais certains, le professeur de philosophie est par excellence un éducateur[2], dans l'enseignement secondaire comme dans l'enseignement supérieur. Cette distinction du professeur de philosophie tient dans sa capacité à dispenser une « haute éducation intellectuelle » fondée sur une claire conscience de sa raison.

La restauration des droits de la raison

L'orientation qu'il donne à la philosophie, Victor Cousin la doit, plus qu'il ne le reconnaît, à Maine de Biran[3], qui, le premier, a tiré toutes les conséquences de la (re)découverte de l'intériorité à partir de la critique de l'Idéologie, du condillacisme, de l'empirisme et de l'idéalisme kantien. C'est à la philosophie de Maine de Biran que l'on doit des caractéristiques qui « se retrouvent d'un bout à l'autre de la philosophie française au XIXe siècle » : préoccupation d'attirer la métaphysique sur le terrain expérimental de la science, celle-ci étant fournie par la psychologie ; dans le domaine de la psychologie, découverte inattendue d'un excès du moral sur le physique, ce que Bergson appellera « l'écart psycho-physiologique » ; affirmation que seule l'introspection nous permet d'explorer cet écart[4]. Biran est indéniablement, dans le premier XIXe siècle, l'inspirateur du spiritualisme philosophique en ce qu'il fait reposer la philosophie sur une méthode d'introspection menée à la limite, qui atteint le moi sans pour autant en rendre la connaissance possible ; autant dire qu'au plan

1. Voir M. Ferraz, *De l'éducation par la philosophie. Discours prononcé à la séance de rentrée des Facultés le 26 novembre 1873*, Lyon, Imprimerie d'Aimé Vingtrinier, 1874.

2. Voir la lettre qu'Alfred Fouillée fait paraître à la *Revue bleue*, publiée en appendice de l'ouvrage *Le mouvement idéaliste et la réaction contre la science positive*, Paris, Alcan, 1896, et intitulée *L'enseignement philosophique et la démocratie*, p. 319-342.

3. 1766-1824 ; Maine De Biran, *Œuvres Complètes*, 13 tomes, Paris, Vrin, 1985-1998.

4. Voir J. Beaufret, *Notes sur la philosophie en France au XIXe siècle*, Paris, Vrin, 1984.

strictement philosophique, la méthode biranienne ne peut conduire qu'au scepticisme, c'est-à-dire à l'impossible fondation subjective[1]. C'est précisément ce que lui reproche Cousin qui contribue à le faire connaître en publiant quelques-uns de ses écrits[2], mais qui, dans le même temps, coupe court à son inspiration en le traitant à la manière éclectique, c'est-à-dire en dégageant dans sa philosophie ce qu'il y a de vrai et de faux : d'après Cousin, ce qu'il y a de vrai dans la philosophie de Maine de Biran, l'élément central, c'est la « réintégration de l'élément actif dans l'esprit humain ». À partir de cette idée, Biran a, dans l'appréciation de Cousin, dégagé trois vérités : la vraie activité est dans la volonté ; la volonté, c'est toute la personnalité, le moi lui-même ; vouloir, c'est causer, et le moi est la première cause qui nous est donnée[3]. Par ces orientations, Cousin reconnaît à Biran d'avoir « rétabli » le spiritualisme dans la philosophie « sur la base même de l'expérience ». Mais Maine de Biran s'est trompé en négligeant les « faits rationnels », en n'accordant aucune place à la raison. Il n'a ainsi pas su fonder le moi et s'est vu contraint de se réfugier dans la révélation divine pour échapper au scepticisme, suivant la « pente glissante qui entraîne tout spiritualisme au mysticisme »[4].

Toute l'entreprise cousinienne au contraire vise à fonder le moi dans la raison, une raison qui n'est pas seulement subjective, personnelle, mais aussi impersonnelle. La théorie de la raison impersonnelle est l'une des

1. Voir par exemple, le Mémoire de Berlin, *Œuvres IV – De l'aperception immédiate* [1807], Paris, Vrin, 1995, où s'illustre la méthode biranienne d'introspection menée à la limite, permettant d'atteindre le fait primitif du sens intime que Biran appelle « égoïté ». Ce fait ne se sait et ne se sent qu'à l'occasion d'autres faits (sentir, vouloir), il se confond par là avec le sentiment d'exister. Il n'est donc pas lui-même accessible à la connaissance. Aux antipodes du cogito cartésien, le moi biranien ne se saisit que dans le trouble du sentiment d'exister, dans le mélange de continuité et de discontinuité, d'altérité et d'identité qu'il suppose.

2. Victor Cousin avait donné Maine de Biran comme l'un de ses trois maîtres avec Royer-Collard et Laromiguière. À partir de 1816, il avait participé à la société philosophique formée autour de Maine de Biran par Guizot, Royer-Collard, Thurot, Ampère, les frères Cuvier, le baron de Gérando et Duriveau. Mais Cousin a mis 12 ans à publier les écrits de Maine de Biran qui n'ont paru qu'en 1841 afin de mettre au crédit de l'éclectisme la ruine de l'école sensualiste. Il est soupçonné, notamment par Pierre Leroux, d'avoir volontairement empêché leur parution. Voir l'analyse de cette controverse par Miguel Abensour dans les *Cahiers du collège international de philosophie,* n°3, Osiris, Paris, 1987. Et le compte rendu de l'affaire par Patrice Vermeren, *Victor Cousin. Le jeu de la philosophie et de l'État,* 2e partie, chap. 8.

3. Voir l'*Introduction aux œuvres de Maine de Biran*, 1er mars 1834, dans *Fragments philosophiques*, 2e éd., *op. cit.*

4. *Ibid*, p. 317.

originalités de l'éclectisme. Elle permet à Cousin de sortir des apories d'une subjectivité sans fondement ultime, tout en imposant l'éclectisme comme une philosophie compréhensive de tous les systèmes : la raison ne peut être seulement personnelle car elle « serait de nulle valeur et sans aucune autorité hors du sujet et du moi individuel ». Elle est donc, « à la lettre une révélation, une révélation nécessaire et universelle, qui n'a manqué à aucun homme et a éclairé tout homme à sa venue en ce monde [...]. La raison est le médiateur nécessaire entre Dieu et l'homme »[1]. La raison est ainsi une faculté tout à la fois psychologique et ontologique, subjective et objective. Supérieure à toutes ses manifestations, elle « apparaît en nous sans nous appartenir en propre » et « éclaire le pâtre comme le philosophe », dit Cousin dans la préface à la deuxième édition des *Fragments* (1833). Dans l'introduction à son *Cours d'histoire de la philosophie morale au dix-huitième siècle* professé à la Faculté des Lettres en 1819 et 1820, il a cette formule : « ... la raison est l'infini ou l'idéal [...]. Comme pour Dieu dont elle est sans doute l'organe auprès des hommes, on peut dire ce qu'elle n'est pas, mais non ce qu'elle est »[2]. Est-ce à dire que tout homme peut être à lui-même son « petit Dieu », le pâtre comme le philosophe ? Loin s'en faut. La théorie de la raison impersonnelle qui permet à Cousin de restaurer les droits d'une ontologie comme science de l'être comprise comme connaissance de notre existence personnelle, du monde extérieur et de Dieu, s'assortit d'une conception distinguant la raison spontanée et la raison réfléchie, la raison naturelle ou sens commun et la réflexion. Sous sa forme naturelle et spontanée, la raison est commune à tout homme ; l'accès à la réflexion est en revanche le privilège d'une petite minorité. Si tout homme possède en lui-même le fait de conscience permettant de poser l'existence du moi et du non-moi, donc de la nature et de Dieu, tous n'ont pas conscience de ce savoir : « Savoir sans s'en rendre compte, savoir en s'en rendant compte, c'est là toute la différence possible de l'homme à l'homme, du peuple au philosophe »[3]. La réflexion bien dirigée « n'ajoute rien à la raison naturelle », que « la connaissance d'elle-même », mais cette connaissance est réservée à cette « aristocratie de l'espèce humaine » que sont les philosophes[4]. L'intérêt du dispositif de Cousin est toutefois d'établir une continuité de nature entre sens commun

1. V. Cousin, *Fragments philosophiques*, *Préface*, 1re éd., 1826, *op. cit.*, p. XXIX.

2. V. Cousin, *Introduction au cours d'histoire de la philosophie morale* [1819-1820], Éd. E. Vacherot, Paris, Ladrange, 1844, p. 73.

3. V. Cousin, *Fragments philosophiques*, 2e éd., *op. cit.*, p. 73.

4. V. Cousin, *Fragments philosophiques*, 1re éd., *op. cit.*, p. XXXI.

et philosophie, peuple et philosophes. On touche là une dimension très forte de la tradition cousinienne, celle qui institue le philosophe comme dépositaire d'un savoir que chacun possède à son insu. C'est là instituer l'autorité morale et sociale de la philosophie engageant le droit électif du philosophe à intervenir dans l'espace public, à faire entendre sa voix *au nom du peuple*. Aux yeux de Cousin, la « gloire et la force » de « toute vraie aristocratie, est de ne point se séparer du peuple, de sympathiser et de s'identifier avec lui, de travailler pour lui en s'appuyant sur lui »[1].

D'où le rôle historique que la philosophie et les philosophes sont appelés à jouer dans l'organisation de l'instruction et de l'éducation du peuple. Cette place, Cousin l'a occupée dès son ralliement à la Monarchie de Juillet. Aux côtés de Guizot, il est l'un des principaux artisans de la loi du 28 juin 1833, instituant une instruction primaire d'État. Mais sa défense des droits de l'État enseignant est à comprendre dans son lien avec la sécularisation des savoirs philosophiques et la vocation de la philosophie émancipée à l'exercice du magistère moral et spirituel traditionnellement dévolu à l'Église.

ÉDUCATION ET INSTRUCTION : D'UN PEUPLE À L'AUTRE

Ce qui est à l'œuvre dans le cousinisme, c'est la construction d'une tradition enseignante élitiste qui le coupe de la voie ouverte, au début du XIXe siècle, par le courant de la philanthropie dont Maine de Biran faisait partie et dont l'un des grands noms reste celui du baron de Gérando. Sous l'impulsion du mouvement philanthropique se met en place sous la Restauration une dynamique favorable à l'instruction populaire, pensée dans une alternative aux écoles de charité et inspirée d'une nouvelle méthode d'enseignement et d'éducation issue d'Angleterre, la méthode mutuelle. De ce mouvement naîtra en 1815 la *Société pour l'amélioration de l'enseignement élémentaire*. Ce courant libéral, indéfectiblement tourné vers l'action en faveur des pauvres et fortement structuré de groupes de domination dans l'État, a œuvré à rompre avec la représentation chrétienne de la pauvreté comme élection et au principe de l'instruction des pauvres comme œuvre de charité[2]. À l'origine d'une inflexion décisive des

1. *Ibid.*

2. Voir F. Jacquet-Francillon, *Naissances de l'école du peuple, 1815-1870*, Paris, Éditions de l'Atelier, 1995, 1re partie.

pratiques et des méthodes d'enseignement destinées aux enfants pauvres, la *Société pour l'amélioration de l'enseignement élémentaire* qui se présente comme une entreprise de bienfaisance contribue aussi par là même à des déplacements terminologiques significatifs : le mot « pauvre » s'efface plus ou moins derrière le mot « peuple » pour généraliser des expressions comme « instruction du peuple » ou « école du peuple ». Mais c'est l'adjectif « populaire » qui traduit le mieux les aspirations et les valeurs progressistes de la *Société* à travers les notions d'« instruction populaire » ou d'« éducation populaire ». C'est dans ce contexte d'innovation et dans le cadre d'une concurrence avec les écoles de charité que la notion de « peuple » comme destinataire de l'enseignement prend sens et consistance. L'universalisme qui est au cœur de la bienfaisance fait de l'instruction « populaire » une instruction destinée à l'espèce humaine, étant entendu qu'il est inadmissible que certains individus soient privés du droit de développer toutes leurs facultés physiques et mentales, qui sont « les plus nobles attributs de l'humanité »[1]. L'idéal éducatif des philanthropes est un idéal civilisateur issu des Lumières. Mais se dessine en même temps le principe d'une division de la société en classes sociales, le peuple étant constitué des « classes inférieures », à côté des « classes moyennes » ou « mitoyennes » et des « classes supérieures », « premières classes » ou « classes qui occupent le premier rang », l'instruction et l'éducation étant elles-mêmes combinées différemment selon le destinataire de l'enseignement[2]. L'idéal éducatif des philanthropes n'est pas égalitariste ; il est libéral au sens où il fait sien le principe « à chacun selon ses capacités ». En toute logique, l'instruction religieuse, la visée édifiante, les savoirs de spiritualité, forme et fond des écoles de charité, ne constituent plus la visée élective de l'enseignement destiné aux « indigents » ; ils laissent place aux savoirs de connaissance utiles à la société.

À la faveur des progrès issus des travaux de la *Société pour l'amélioration des méthodes d'enseignement* créée en 1819, le mouvement s'infléchit de plus en plus en direction d'une exigence de partage des richesses intellectuelles, d'une diffusion des savoirs, d'un progrès des lumières et d'un perfectionnement des sciences et des arts propices à améliorer le sort de l'homme. C'est dans cette période qui voit naître en France ce qu'on n'appelle pas encore en 1815 « pédagogie », que l'expérience et le nom de Pestalozzi font irruption sur la scène française. À la recherche des

1. *Ibid.*, p. 91.
2. *Ibid.*, chap. 3.

« meilleures méthodes d'éducation et d'instruction », la *Société des méthodes* s'intéresse à la méthode intuitive inventée par le pédagogue suisse qui fut aussi le premier à formuler l'exigence d'une éducation fondée sur la connaissance et le contrôle du développement des facultés. La complicité de la méthode pestalozzienne avec une psychologie développementale n'a pas échappé à Maine de Biran, à l'origine de l'implantation d'une école pestalozzienne à Bergerac, ville dont il fut le sous-préfet de 1806 à 1812[1]. Le mouvement philanthropique est ainsi à l'origine de l'implication de la « psychologie » dans les méthodes d'enseignement.

Bien avant l'engagement de Cousin dans la question de l'instruction et de l'éducation du peuple, celles-ci avaient donc connu une impulsion décisivement laïque et libérale, en marge de toute intervention de l'État, explorant et expérimentant des voies directement issues de l'idéal condorcétien de diffusion des lumières : implication de hauts fonctionnaires, d'hommes de lettres, de savants dans la conception de vastes programmes d'études et d'expérimentation de méthodes diversifiées adaptées à différents domaines (éducation physique, éducation morale, langues, sciences historiques, droit et économie politique, sciences mathématiques, sciences physiques, arts libéraux) et aux différents niveaux d'enseignement[2].

En cohérence avec les vues de Guizot, l'œuvre de Cousin dans le domaine de l'instruction du peuple consiste précisément à scléroser cette veine. L'opération s'accomplit autour d'une réarticulation entre lumières et liberté, philosophie et sens commun, philosophie et religion, générant une nette cassure entre l'enseignement réservé aux « masses » et celui réservé à l'élite.

L'État enseignant

Cousin a été chargé par le ministre de l'Instruction publique et des Cultes, François Guizot, d'enquêter sur l'instruction publique en Allemagne en 1831, puis en Hollande en 1836. C'est sur la base de son expérience qu'il est nommé, en 1833, rapporteur du projet de loi relatif à l'instruction primaire. Dans son rapport, Cousin souligne combien

1. F. Jacquet-Francillon, *Naissances de l'école du peuple, 1815-1870*, *op. cit.*, p. 140-146.

2. L'idée avait même été avancée en 1821 d'embrasser un cursus long, enseignement primaire et secondaire enchaînés. Voir F. Jacquet-Francillon, *Naissances de l'école du peuple, 1815-1870*, *op. cit.*, 1re partie, en particulier le chapitre 6, p. 133-157.

l'instruction est nécessaire à un pays libre ayant fait le choix du principe du gouvernement représentatif : « Un pays qui veut être libre doit être éclairé, ou ses meilleurs sentiments lui deviennent un péril, et il est à craindre que, ses droits surpassant ses lumières, il ne s'égare dans leur exercice le plus légitime »[1]. Ainsi l'éducation et l'instruction sont nécessaires pour régler la liberté. S'agissant du peuple, toutefois, il s'agit plutôt de contenir une liberté qui est un droit depuis la Révolution, mais dont il ne saurait faire un usage raisonnable par lui-même, n'ayant ni les moyens intellectuels, ni les moyens économiques d'accéder à la philosophie, exercice par excellence d'ascèse et d'auto-limitation. Le peuple est ainsi par définition, aux yeux de Cousin, celui dont les droits risquent toujours de dépasser les lumières et dont il convient par conséquent de limiter la liberté *de l'extérieur*, au moyen du contrôle de l'État et de la religion. D'où la priorité accordée, dans l'instruction primaire, à l'éducation morale et religieuse seule à même de former des hommes et des citoyens. À ses détracteurs qui lui reprochent son soudain revirement en faveur de la religion après les combats contre « le sacerdoce » menés sous la Restauration, Cousin répond que « le christianisme bien enseigné » est « un moyen de civilisation pour le peuple, et un soutien pour les individus auxquels la société impose de pénibles et humbles fonctions sans aucun avenir de fortune, sans aucune consolation d'amour-propre »[2]. Prenant appui sur l'homologie entre croyances communes et philosophie, raison naturelle et raison réfléchie, Cousin a maintes fois théorisé la parenté entre religion et philosophie, la première étant l'analogue, pour le peuple, de la philosophie, pour l'élite : « la philosophie est dans les masses sous la forme naïve, profonde et admirable de la religion et du culte »[3]. Cousin ne perd ainsi pas de vue l'objectif d'éducation et d'instruction des Lumières, qui est une visée de civilisation passant par l'accès aux savoirs, mais il considère qu'il y a deux voies d'accès à la vérité : la religion pour la masse, la philosophie, pour quelques-uns. Ce principe est très clairement formulé dans l'Avertissement de la troisième édition de ses *Premiers essais de philosophie*, daté de 1855 : « … Le résumé le plus pur de ce qu'il y a de meilleur dans Platon, Descartes, Malebranche ou Kant est tout entier dans les premières pages du

1. Voir V. Cousin, *Rapport à la Chambre des Pairs au nom d'une Commission spéciale chargée de l'examen du projet de loi sur l'instruction primaire, le 21 mai 1833,* dans *Fragments littéraires*, Paris, Didier Librairie-Éditeur, 1843, p. 99.

2. Cité dans P. Vermeren, *Victor Cousin. Le jeu de la philosophie et de l'État*, *op. cit.*, p. 159.

3. V. Cousin, *Préface* à la traduction du *Manuel d'histoire de la philosophie* de Tennemann, Paris, A. Sautelet, 1829.

catéchisme de Bossuet, et ce catéchisme est la nourriture des pauvres d'esprit, de l'enfant, de la femme, du pâtre et de l'ouvrier, tandis que la *Connaissance de Dieu et de soi-même*, les *Méditations*, le *Phédon* et le *Timée*, surtout la *Critique de la raison pratique*, s'adressent à bien peu d'individus dans l'espèce humaine »[1].

L'instruction primaire n'a toutefois pas pour but d'encourager le peuple à l'obscurantisme en le livrant aux mains du clergé. Elle a un but national, l'« amour éclairé de l'ordre » et c'est pourquoi « l'intervention de l'État » est « indispensable » : « l'instruction primaire n'étant pas moins nécessaire à la société entière qu'aux particuliers, c'est le devoir et l'intérêt de l'État d'assurer l'instruction du peuple contre les caprices de l'industrie, et de lui donner la fixité et la dignité d'un service public régulier »[2]. C'est dans un but d'ordre moral et social que l'instruction religieuse est maintenue en tête des programmes, mais conformément au principe libéral, la liberté des pères de famille est respectée en ce domaine[3]. Quant à la surveillance des écoles, tout en plaçant les comités communaux et d'arrondissements sous le contrôle de la « puissance publique », responsable des « progrès de l'instruction primaire »[4], Cousin plaide pour que les autorités religieuses catholique et protestante fassent de droit partie des comités de surveillance, à égalité avec l'autorité civile, ce que ne prévoyait pas la loi. Ce n'est pas en vue de surveiller l'éducation religieuse que les autorités ecclésiastiques sont requises, mais « au nom de la chose religieuse elle-même », explique Cousin, argumentant sur la base de la défense d'une « école sanctuaire » : « Nous sommes les premiers à vouloir, et à vouloir fortement, dans l'intérêt bien entendu de la religion, qu'elle reste dans le sanctuaire ; mais *l'école publique est un sanctuaire aussi*[5], et la religion y est au même titre que dans l'église ou dans le temple »[6].

La place de la religion aux yeux de Cousin va donc bien au-delà d'une tâche de surveillance et de contrôle en la personne des ecclésiastiques ; la religion est censée concourir à l'utilité sociale de l'instruction primaire qui est son seul but. La question de l'utilité de l'instruction engage celle des

1. V. Cousin, *Premiers essais de philosophie*, Paris, Didier et Cie Libraires-Éditeurs, 1855, p. 15.

2. V. Cousin, *Rapport à la Chambre des Pairs au nom d'une Commission spéciale chargée de l'Examen du projet de loi sur l'instruction primaire*, *op. cit.*, p. 114.

3. Art. 2 de la loi, Cousin, *op. cit.*, p. 111.

4. *Ibid.*, p. 127.

5. Souligné par nous.

6. *Ibid.*, p. 132.

savoirs et c'est sur ce point que Cousin procède à un verrouillage dont l'effet est la promotion inattendue du « primaire supérieur ». S'agissant du primaire élémentaire, Cousin plaide en faveur de l'enseignement de savoirs « indispensables », l'instruction élémentaire perdant en « solidité » « tout ce qu'elle gagne en étendue », et pour qu'on ne confonde pas l'« utile » et le « nécessaire ». Il a conscience en même temps qu'une proportion non négligeable de citoyens aspire légitimement aux lumières dont ils ne peuvent être indéfiniment privés sans en ressentir de la frustration. Aussi argumente-t-il dans le sens d'un primaire supérieur, [offrant] « comme en dédommagement une instruction *assez libérale*[1] pour suffire à une partie de la population, qui n'est dépourvue ni d'une certaine aisance ni d'un amour-propre légitime »[2]. Mais l'intérêt principal du primaire supérieur est aux yeux de Cousin de « diminuer le nombre des élèves de nos collèges, au profit des études classiques elles-mêmes »[3]. C'est en Allemagne que Cousin a puisé l'inspiration d'une école primaire supérieure dont l'intérêt à ses yeux (comme aux yeux de Guizot) est double : elle permet de vider les collèges d'élèves dont la destination sociale les voue aux professions du commerce ou de l'industrie ; elle évite ainsi le « déclassement » et ses effets tout en pourvoyant aux besoins de la société moderne[4]. Elle permet de requalifier le secondaire en réservant les Humanités et le latin aux élèves les mieux doués, destinés à occuper des postes de pouvoir, soit dans des carrières juridiques ou politiques, soit dans l'enseignement supérieur.

De l'école primaire à l'enseignement supérieur, Cousin préconise ainsi un dispositif de filtrage et de contrôle de la diffusion des savoirs de manière à garantir et à protéger la formation de ceux qui sont promis à diriger la cité. Cette micro-élite se forme dans l'éclectisme dont Victor Cousin a assuré l'hégémonie dans l'enseignement supérieur, de 1830 à 1851, donnant naissance à ce que Paul Janet a appelé la philosophie universitaire.

1. Souligné par nous.
2. *Ibid.*, p. 109.
3. *Ibid.*, p. 108.
4. Les préoccupations malthusiennes de l'Etat touchant la fréquentation des collèges ainsi que la thématique du déclassement ne sont pas nées sous la Monarchie de Juillet. Marie-Madeleine Compère fait remonter au *Testament politique* de Richelieu la première exposition de la défense d'un Etat malthusien, qu'elle met en perspective avec un extrait de l'*Essai sur l'histoire et sur l'état actuel de l'instruction publique en France* de François Guizot (1816). Voir M.-M. Compère, *Du collège au lycée (1500-1850). Généalogie de l'enseignement secondaire français*, Paris, Gallimard, 1985, chap. 10.

LE SPIRITUALISME UNIVERSITAIRE

Ce que Janet appelle « philosophie universitaire » ne concerne que le spiritualisme enseigné à l'École Normale. On comprend, à la lecture de l'article qu'il lui consacre[1], que c'est « dans l'enceinte de l'École » que se cherchent les nouvelles voies de la philosophie, autrement dit que l'École est le lieu électif de la recherche et de l'enseignement savants. Si Janet prend la plume en 1873 pour faire état de cette philosophie, c'est d'une part pour témoigner de la vigueur du « spiritualisme rajeuni et transformé », d'autre part pour informer l'opinion de l'important mouvement d'idées qui agite l'École et dont il espère qu'il exercera quelque influence « sur les directions futures de la pensée » en France. L'intérêt de l'article est de montrer que la « doctrine universitaire » n'a jamais eu le caractère de l'orthodoxie cousinienne qu'on lui a imputé et reproché. Dès l'origine, dit Janet, il y a eu deux tendances dans ce qui s'appelait au début l'« école éclectique » : l'une plus spéculative, inclinant vers l'Allemagne ; l'autre, plus expérimentale, inclinant vers l'Écosse. De 1820 à 1830, Cousin a incarné la première, Jouffroy la seconde, ce dernier ayant poussé la « circonspection métaphysique » a un point tel qu'on aurait pu, en d'autres temps, « le faire accuser de positivisme ». Ce n'est qu'entre 1830 et 1840 que la nouvelle école s'est constituée « à titre de philosophie officielle, de philosophie d'État », après des débuts marqués par une grande liberté.

Janet qui a été très proche de Cousin, cherche ici à ménager son héritage en rappelant qu'il visait à constituer pour la première fois en France un enseignement laïque de la philosophie jusqu'alors entre les mains du clergé. De 1830 à 1852, l'enseignement de la philosophie fut constitué de « la psychologie écossaise à la base » et de la « métaphysique cartésienne au sommet » combinée avec celle de Platon, enseignement attestant que la philosophie n'était plus la servante de la théologie, qu'elle était « ouvertement rationaliste », sans pour autant professer le scepticisme. C'était là le meilleur de l'éclectisme cousinien dont Janet rapporte néanmoins qu'au fil du temps, il a perdu son esprit de liberté spéculative pour s'ériger en doctrine du « juste milieu en tout ». « C'est vers ce temps » qu'il « laissa tomber en désuétude son nom primitif d'école éclectique pour prendre le nom et porter le drapeau de l'école spiritualiste »[2]. Mais dans l'intervalle,

1. Voir P. Janet, « La philosophie universitaire » [1873], dans *La philosophie française contemporaine*, *op. cit.*, p. 37-54.

2. *Ibid.*, p. 45.

les meilleurs des élèves de Cousin, ceux qui à leur tour étaient devenus des maîtres, comme Émile Saisset, ont cherché les voies d'un spiritualisme plus « sévèrement philosophique » à travers les écrits de Maine de Biran. Janet insiste sur l'influence biranienne à l'École Normale entre 1840 et 1852, influence relayée dans les écrits de Ravaisson ou de Vacherot, minant de l'intérieur « l'édifice si habilement construit par le savant organisateur de la philosophie universitaire ». Après 1852, la philosophie universitaire est frappée d'interdit, et c'est à la faveur de cet effacement, explique Janet, que le positivisme s'impose sous le second Empire comme philosophie officielle. À partir de 1857, le spiritualisme reprend des couleurs, en marge de l'éclectisme, avec Elme Caro et surtout Ravaisson[1] qui, à partir du rétablissement de l'agrégation de philosophie en 1863, a imprimé au spiritualisme universitaire une orientation continue, en rupture avec l'éclectisme et à l'origine d'une nouvelle génération de philosophes, notamment Lachelier et Fouillée, Ravaisson ayant été le mentor de Lachelier qui à son tour a formé Émile Boutroux, Gabriel Séailles, Alfred Espinas.

D'après Janet, l'école éclectique n'a au fond jamais été vraiment *une* école, Cousin ayant échoué, au niveau de l'enseignement à l'École Normale, à imposer une orthodoxie, et n'ayant pu empêcher, au nom de la liberté même qu'il revendiquait, des tendances et des inspirations diversifiées de s'y exprimer et de s'y développer. Le témoignage de Janet est corroboré de manière plus moqueuse par Jules Simon dans la biographie qu'il consacre à Cousin[2] et bien plus tardivement par Célestin Bouglé pour qui l'absence d'unité est le trait permanent de la philosophie universitaire[3]. L'article de Janet se conclut néanmoins par une tentative pour rassembler la diversité des tendances philosophiques dans un spiritualisme commun : trois principes très généraux les rassemblent : la recherche de ce qu'il appelle « l'explication dernière », autrement dit, la quête métaphysique des premiers principes ; le principe selon lequel cette explication est à chercher

1. Ravaisson n'a jamais enseigné à l'École Normale. Après l'obtention de l'agrégation en 1836, il a enseigné un an à la faculté des Lettres de Rennes en 1839, date à laquelle il renonce au professorat et accepte une nomination comme inspecteur général des bibliothèques publiques, fonction créée depuis peu par le ministre Salvandy. D'après Patrice Vermeren, il aurait été volontairement écarté des postes d'enseignement les plus prestigieux par Victor Cousin, après la soutenance de sa thèse *De l'habitude* en 1838 où il s'était fait remarquer pourtant comme un philosophe « hors de ligne ». La teneur critique à l'égard de l'éclectisme de sa thèse serait à l'origine de sa mise à l'écart.

2. J. Simon, *Victor Cousin*, Paris, Hachette, 1887.

3. C. Bouglé, « Les maîtres de la philosophie universitaire », art. cit., avant-propos.

dans l'esprit et non dans la matière ; le principe d'une subordination de l'inférieur au supérieur. Le spiritualisme ici, on le constate, est réduit au plus petit dénominateur commun. Mais si mince soit-elle, cette unité doctrinale importe à Paul Janet dont une partie de la production intellectuelle est consacrée à tenter de stabiliser les principes du spiritualisme philosophique : lorsqu'à partir de 1840, la philosophie procède à une reprise du religieux et de l'idée de Dieu avec Saisset, Caro, Simon, Franck, c'est autour de ce nouveau centre de gravité que Janet redéfinit les contours du spiritualisme[1]. Il se livre aussi régulièrement à une défense du spiritualisme dans un contexte qui n'était pas celui de Cousin, mais celui d'une crise philosophique qui voit le spiritualisme doublement concurrencé par la religion d'un côté, le positivisme, de l'autre[2].

L'échec de Cousin à fédérer son « régiment » autour de la doctrine éclectique, ce qui signifie aussi l'échec de l'éclectisme, interroge néanmoins la formation de cette unité doctrinale que Janet ne cesse de tenter de formuler et qui fera le fond des manuels spiritualistes de la Troisième République, en dépit de divergences d'un philosophe à l'autre. Ce n'est en tout cas pas dans l'éclectisme que cette unité se forme.

À partir de 1840, le projet de fondation de la liberté se poursuit au sein d'un spiritualisme rénové dont le projet inédit est de réarticuler religion et liberté, dans une perspective de réinvention du lien moral et social.

1. Ce qu'il explique longuement dans la biographie qu'il consacre à Cousin.

2. Voir en particulier, Une nouvelle défense du spiritualisme, *Revue des Deux Mondes*, mai-juin 1862, p. 1033-1037; *La crise philosophique et les idées spiritualistes. MM. Taine, Renan, Littré, Vacherot,* Paris, Germer Baillière, 1865 ; *Le cerveau et la pensée*, Paris, Germer Baillière, 1867.

CHAPITRE II

MORALE ET RELIGION

À LA CROISÉE DES CHEMINS : PHILOSOPHIE, POLITIQUE ET RELIGION

La vague qui emporte le spiritualisme à partir des années 1840 est une vague religieuse. Janet en atteste dans l'ouvrage qu'il consacre à Cousin en 1885, notant que dans cette période, les « doctrines spiritualistes avec une nuance de religiosité [étaient] universellement admises » [1]. Le mouvement commence en réalité dès 1830, avec le ralliement de Cousin à la Charte, moment qui voit la réinterrogation conjointe de la liberté et des tâches de la philosophie au sein de l'école éclectique et de ses partisans. Cousin voyait dans la Charte la réalisation de l'éclectisme en politique, le « point d'orgue, la conclusion nécessaire de tout un processus historique » [2]. Par contrecoup, Cousin a ainsi lui-même scellé le destin unissant la philosophie à la marche de la démocratie : dès le moment où il prononce l'échec des espérances démocratiques de gouvernement du peuple et la clôture du message révolutionnaire, la poursuite de l'idéal démocratique impose de

1. Voir P. Janet, *Victor Cousin et son œuvre*, Paris, Hachette, 1885, p. 340.

2. Voir J.-P. Cotten, « Démocratie et libéralisme dans l'introduction à l'Histoire de la philosophie (1828) de Victor Cousin », dans J.-P. Cotten (dir.), *Autour de Victor Cousin. Une politique de la philosophie, op. cit.*, p. 99-115. Voir la citation de Cousin p. 107 : « … c'est la charte qui est sortie brillante de la lutte sanglante de deux systèmes qui aujourd'hui ont également fait leur temps, savoir, la monarchie absolue et les extravagances de la démocratie. La démonstration que la charte est le résultat véritable des troubles et des guerres qui remplissent la fin du dernier siècle et le commencement du dix-neuvième, c'est que d'un bout de l'Europe à l'autre, cette charte fixe tous les regards, fait battre tous les cœurs, rallie tous les vœux et toutes les espérances » (13e leçon, 17 juillet).

désolidariser l'éclectisme de la vraie philosophie. C'est à ce moment que cherche à se dégager de l'éclectisme ce que Paul Janet a appelé « l'idée spiritualiste » qui se diffracte et s'approfondit dans des directions qui, pour être diversifiées, ont en commun de chercher à réconcilier le ciel et la terre par une nécessaire reprise du religieux au sein de la philosophie elle-même. Le mouvement illustre ce qui fait la marque propre de la pensée spiritualiste au XIXᵉ siècle : l'impossible coupure du religieux et du politique qui se joue dans la philosophie, la connivence qu'entretient l'idée philosophique de l'Un et l'image d'une société unie. Il cherche ses voies contre ce que Jaurès appellera en 1886 le « spiritualisme enfantin et gouvernemental » de Victor Cousin[1].

La morale est le lieu privilégié de cette reformulation, sur fond de constat des limites et des impasses de l'éclectisme, mais à l'intérieur de ses cadres. En ce sens, il importe de souligner à quel point, de 1830 au début du siècle, le spiritualisme philosophique a œuvré pour occuper le terrain de la morale sur la scène philosophique comme sur la scène sociale. Les thèses de Victor Cousin touchant la continuité entre philosophie et sens commun font de l'éclectisme spiritualiste une philosophie structurellement prédisposée au gouvernement des esprits par la formulation des principes d'une morale tout à la fois populaire et philosophiquement vraie. Mais la préoccupation du pouvoir spirituel met l'éclectisme en concurrence avec toutes les autres familles spirituelles du moment, de l'école théologique à l'Utopie scientifique en passant par le mouvement humanitaire et la philosophie positive naissante. En l'absence de l'Église et de son clergé, s'impose pour certains le besoin d'édifier un nouveau pouvoir spirituel adapté aux exigences de la société moderne, c'est-à-dire d'une société qui a recueilli le legs révolutionnaire de la liberté. Quel sera le *credo* de la société à venir ? Telle est la question que se pose la classe pensante, faisant de ce *credo* la condition de l'ordre social. Mais il importe de considérer que ces doctrines diverses n'ont pas seulement pour objet la fondation de la société moderne ; elles visent aussi à fonder les droits de la corporation spirituelle qui les émet, comme le rappelle Paul Bénichou : « toute définition de l'ordre social consacre comme guide celui qui la formule »[2] ; c'est là un trait caractéristique de « l'âge romantique ».

1. Lors de sa première intervention à la Chambre comme jeune député du Tarn (à 27 ans) le 21 octobre 1886.

2. *Cf.* P. Bénichou, *Le temps des prophètes. Doctrines de l'âge romantique*, *op. cit.*, p. 11.

Dans ce paysage, il revient à Auguste Comte d'avoir introduit la discussion philosophique sur la nécessité d'un pouvoir spirituel dans les sociétés modernes, dans une série d'articles parus dans le périodique *Le Producteur* en 1825 et 1826.

Le pouvoir spirituel : entre autorité et liberté

Les Considérations sur le pouvoir spirituel[1] d'Auguste Comte font du futur chef de file de la philosophie positive le concurrent direct de l'éclectisme, d'autant qu'il se situe sur le même terrain, celui du besoin d'une autorité morale et spirituelle, développant des arguments qui sont ceux-là mêmes de l'éclectisme, stigmatisant la dérive utilitariste, individualiste et égoïste des sociétés modernes. L'argumentaire n'est cependant pas celui d'un moraliste, mais d'un historien. C'est en effet le point de vue de l'histoire qui permet à Auguste Comte de déployer sa thèse d'un besoin de gouvernement spirituel propre au système social des peuples modernes. Le premier article revient sur les trois siècles (XVIe-XVIIIe) qui ont vu la désorganisation du système catholique et féodal, sur ses effets, son utilité, ses limites, période qu'Auguste Comte appelle « révolutionnaire », témoignant par là qu'il ne borne pas la révolution à un événement, mais qu'il la comprend plutôt comme un processus s'inscrivant dans le temps long de l'histoire. Cette « période révolutionnaire » coïncide, au plan intellectuel, avec la « doctrine critique » dont le propre est d'avoir soulevé et réduit en dogmes des idées antisociales dans le seul but de détruire l'ancienne organisation. Ces dogmes sont ceux finalement consacrés par la Révolution française de la liberté illimitée de la conscience, de la souveraineté du peuple et de l'égalité de tous. Or, si cette doctrine critique a eu un rôle nécessaire dans l'histoire pour faciliter la préparation d'un nouvel ordre politique, elle est aujourd'hui le principal obstacle à l'établissement, à l'organisation et au maintien de ce nouvel ordre politique. Le préjugé quasi-universel qu'elle a en effet contribué à installer dans les mentalités tient dans la thèse que le pouvoir spirituel est inutile dans la direction des affaires humaines. Bien plus, cette doctrine a laissé en legs une méfiance généralisée à l'égard de toute considération d'un pouvoir spirituel unanimement, mais à tort, attaché à l'ancien régime théologico-féodal.

1. Articles parus dans *Le Producteur. Journal de l'industrie, des sciences et des Beaux-Arts*, chez Sautelet et Cie Libraires, tome premier, 1825, p. 596-616 ; tome 2, 1826, p. 314-329 et p. 358-376.

C'est bien la pensée libérale qu'Auguste Comte vise dans sa dénonciation des effets délétères de la doctrine critique. Aussi *Le Producteur*, dès sa fondation en octobre 1825 par les disciples de Saint-Simon, s'impose-t-il comme le concurrent et l'adversaire des thèses philosophiques défendues dans *Le Globe*, organe de la jeune France libérale[1]. À l'opposé des thèses libérales, ce sont les thèses de l'apologétique contre-révolutionnaire de Joseph de Maistre et du Vicomte de Bonald qu'Auguste Comte reprend en partie à son compte. Il souligne que les membres de cette école, dans leur défense du catholicisme, ont présenté des « considérations générales très importantes sur le pouvoir spirituel ». Joseph de Maistre en particulier, dans son ouvrage *Du Pape*, a présenté l'exposition « la plus profonde, la plus méthodique et la plus exacte de l'ancienne organisation spirituelle »[2], celle du Moyen Âge. Le grand mérite de ces doctrines est d'élever un rempart préservant la société de l'influence prépondérante des doctrines critiques nuisibles au projet de réorganisation de la société. En ce sens, elles sont un stimulant indispensable pour contraindre la civilisation moderne à produire le système moral qui lui est propre.

Auguste Comte l'affirme sans ambages, les progressistes, les libéraux, par crainte d'un retour à la théocratie, condamnent la société au despotisme c'est-à-dire à la force sans autorité morale ; tandis que ceux qu'on accuse de tendance rétrograde « sont au fond les seuls dont les théories relèvent convenablement la dignité humaine en constituant la supériorité morale comme le correctif et le régulateur de la force ou de la richesse »[3]. Reste que les tenants de cette école se sont trompés en transposant directement leur examen du pouvoir spirituel dans la société du Moyen Âge aux sociétés modernes, sans prendre la mesure des différences. Dans ce cadre, Auguste Comte s'emploie à démontrer la nécessité structurelle dans toute société d'un pouvoir spirituel indépendant du pouvoir temporel. Seul un pouvoir spirituel en effet est susceptible de rétablir l'ordre moral dont la société a besoin, la décadence de la philosophie théologique et du pouvoir spirituel correspondant ayant laissé la société sans aucune discipline morale. Les conséquences en sont la « divagation complète des intelligences », l'anarchie des opinions, l'absence de morale publique et la généralisation de l'égoïsme comme mobile pour diriger l'existence ; pour ce qui

1. Voir J.-J. Goblot, *La jeune France libérale. Le Globe et son groupe littéraire, 1824-1830*, Paris, Plon, 1995. Voir en particulier le chapitre 5 qui relate l'affrontement entre Globistes et Producteurs.

2. *Ibid.*, 2e article, *Le Producteur*, tome second.

3. *Ibid.*, 1er article, *Le Producteur*, tome premier.

concerne la conduite privée, un même constat s'impose : l'absence de principes fixes de conduite engendre l'immoralité, un « état flottant » des idées de devoir, la prépondérance de la morale de l'intérêt dans la pratique, un utilitarisme qui n'a cessé de croître depuis trois siècles. Le besoin d'une autorité morale s'impose d'autant plus dans une société où progresse la division du travail. Il résulte de cette spécialisation une perte du point de vue de l'intérêt commun et un repli inévitable des individus et des peuples sur leur intérêt particulier. Le gouvernement spirituel, « organe propre de l'intérêt commun » est ainsi nécessaire pour établir et maintenir les idées et les opinions communes et pour compenser la tendance à l'éclatement propre aux sociétés modernes. Le pouvoir spirituel a en effet pour destination propre le gouvernement de l'opinion, c'est-à-dire « l'établissement et le maintien des principes qui doivent présider aux divers rapports sociaux »[1].

Le pouvoir spirituel a ainsi pour but la restauration de l'ordre moral tout en ayant une fonction d'unification. Tout gouvernement a en effet une destination passive et une destination active. La première concerne le maintien de l'ordre ; la deuxième vise à « faire concourir à un même but général toutes les autorités partielles ». Le moyen de ce but est l'éducation générale et spéciale. Si l'on entend par « éducation générale » :

> le système entier d'idées et d'habitudes nécessaires pour préparer les individus à l'ordre social dans lequel ils doivent vivre, et pour adapter autant que possible chacun d'eux à la destination particulière qu'il doit y remplir[2],

alors on comprend que la direction de l'éducation est l'attribution principale du pouvoir spirituel.

En somme, le pouvoir spirituel est nécessaire pour établir, diffuser et maintenir dans la société les opinions et les croyances indispensables à sa conservation. La doctrine d'Auguste Comte engage en conséquence une théorie de l'éducation.

La théorie du pouvoir spirituel qui s'élabore au même moment dans l'école éclectique s'appuie sur les mêmes constats et ouvre la voie, de la même manière, à une redéfinition du rôle d'un nouveau clergé dans l'éducation des masses. Néanmoins, le partage se fait sur une question décisive, celle du dogme. Dans ses *Considérations*, en effet, et peut-être sous l'influence de l'apologétique contre-révolutionnaire, Auguste Comte fait

1. *Ibid.*, *Le Producteur*, 2e article, *op. cit.*

2. *Ibid.*, p. 317-318.

l'éloge du dogmatisme présenté comme « l'état normal de l'intelligence humaine »[1]. Pour lui, seul un nouveau dogme peut mettre fin au scepticisme engendré par trois siècles de doctrine critique. Le scepticisme en effet n'est pas un état normal de l'intelligence ; c'est un état de « crise », un moyen pour « permettre la transition d'un dogmatisme à un autre ».

Or, le même constat est fait dans l'éclectisme naissant, notamment sous la plume de Théodore Jouffroy dans l'opuscule *Comment les dogmes finissent*, paru en 1823[2], qui connut un très grand retentissement. Cette contribution ainsi que son auteur éclairent l'ambiguïté de l'éclectisme et de son rapport à la liberté, entre aspiration à s'imposer comme autorité morale et spirituelle alternative à l'Église et à son clergé, et attachement à un refus des dogmes, conséquence directe de la reformulation des tâches de la philosophie désormais émancipée de la théologie.

Éclectisme et adogmatisme

Comme l'a souligné Jean-Jacques Goblot, la doctrine philosophique du *Globe*, par la voix principalement de Théodore Jouffroy et Jean-Philibert Damiron, a constamment hésité entre dogmatisme et adogmatisme, besoin de formulation d'un nouveau *credo* philosophique et social susceptible de mettre fin au règne du scepticisme, et difficulté à s'arrêter à une proposition dogmatique si les tâches de la philosophie sont redéfinies comme méthode de recherche de la vérité. Si « la vérité est au concours », selon le mot d'ordre du *Globe*, il s'agit moins d'élaborer une doctrine « positive et arrêtée » que s'inscrire dans ce « mouvement philosophique » visant à fixer à la réflexion des directions nouvelles[3]. L'éclectisme spiritualiste comme méthode d'examen critique des doctrines philosophiques ne risque-t-il pas de perdre le sens même de ce projet en se figeant dans un dogme ?

Sur cette question, la position de Théodore Jouffroy est ambiguë, cette ambiguïté faisant le fond même de sa posture philosophique. Dans *Comment les dogmes finissent,* il commence par légitimer la fin des dogmes, dans une perspective historisante, mettant en évidence le processus par lequel les dogmes finissent par décliner en perdant ce qui fait leur force, leur vérité intrinsèque. Ce mouvement est inéluctable et

1. *Ibid.*, *Le Producteur*, 3ᵉ article, p. 360.

2. T. Jouffroy, « Comment les dogmes finissent (1823) », *Mélanges philosophiques*, Paris, Hachette, 1901, 7ᵉ édition, p. 1-19.

3. Voir J.-J. Goblot, *La Jeune France libérale*, *op. cit.*, chap. 5, p. 215.

inévitable et atteint à un moment ou à un autre tous les dogmes. Aucun dogme ne résiste au temps, telle est la thèse de Jouffroy: « Transmis de génération en génération sous des mots consacrés, et toujours moins compris à mesure qu'il s'éloigne davantage de sa source, le moment vient où le dogme ne gouverne plus qu'en apparence parce que tout sentiment de sa vérité est éteint dans les esprits »[1]. Ce moment s'accompagne d'une crise de la foi, il fait surgir le doute et c'est alors que l'esprit de libre examen se manifeste dans son droit de questionner la vérité déposée dans le dogme. Ce n'est pas là un acte d'hostilité, mais de bon sens. Cette période d'entre-deux est une période où s'affrontent l'esprit d'examen d'un côté, l'autorité de l'autre. Dans cette « révolution d'idées », le scepticisme l'emporte parce qu'il est du côté du bons sens, de la vérité et de la raison, mais très vite il est lui-même confronté au besoin de nouvelles croyances, au besoin de croire. Or, il est plus facile de « détruire ce qui est faux » que de « trouver ce qui est vrai »[2]. Et c'est pourquoi le vide de croyances et de doctrines susceptibles de fonder une nouvelle foi donne lieu à mille systèmes divers, la querelle philosophique se compliquant d'intérêts nés de l'égoïsme et de l'ambition. Les excitateurs de doute et de libre examen en guerre contre l'autorité, impuissants à faire naître une vérité nouvelle, sombrent dans l'utilitarisme et y entraînent le peuple. Aussi n'est-ce pas cette génération sceptique qui est à même de fonder le dogme régénérateur, c'est la génération suivante qui voit naître des intelligences neuves « sorties du scepticisme sans foi, mais avec le besoin d'en avoir une »[3]. Alors renaît « l'empire légitime de la vérité », source d'une nouvelle foi et de nouveaux prophètes. La nouvelle foi ne peut s'imposer qu'au nom de la vérité, la vérité entraînant avec elle la morale et la justice. Quand cette vérité sera-t-elle rendue publique et pourra-t-elle irriguer toute la société ? En 1823, Jouffroy n'a pas la réponse à cette question ; en tout cas, dans cet article, il n'y a pas un mot sur l'éclectisme ni sur l'espérance qu'il peut nourrir.

Une même réserve est sensible dans les colonnes du *Globe* où Jouffroy hésite à faire valoir les droits du spiritualisme éclectique au gouvernement des esprits, témoignant par là de son scepticisme sur l'état de la « science philosophique » de son temps et réticent à entrer dans des affirmations pratiques prématurées et péremptoires. Alors même, notons-le, que les lecteurs du *Globe* sont dans l'attente de la formulation de ce nouveau

1. *Ibid.*, p. 2.
2. *Ibid.*, p. 8.
3. *Ibid.*, p. 17.

dogme susceptible de mettre fin aux errements de la société et des esprits[1]. Jean-Philibert Damiron n'a pas ces scrupules.

Électisme et pouvoir spirituel

En 1825, dans les articles qu'il livre au journal *Le Globe*, Jean-Philibert Damiron[2] se fait le prophète du nouveau pouvoir spirituel dont la société a besoin et que le spiritualisme éclectique est seul légitimé à exercer. C'est à la fois l'ambition de Victor Cousin, mais aussi les espoirs de toute une génération de philosophes que Damiron exprime : pour contrer les prétentions de l'arrière-garde théologique et « légitimement prétendre à régner sur les consciences », il faut une « philosophie qui ait de l'autorité ». Or l'autorité de la philosophie ne peut que se fonder sur son caractère scientifique : pour être en mesure de gouverner, il « faut qu'à tout prix elle soit science » ; il y a un intérêt social à ce que la philosophie soit science : elle pourra ainsi « servir de principes à toutes les sciences morales et en particulier à la politique et à la législation » et se mettre au service du « bon ordre »[3]. L'utilité sociale de l'éclectisme ou « spiritualisme rationnel » est dès cette période revendiquée dans les colonnes du *Globe* par Jean-Philibert Damiron. Aux yeux de Damiron, il est clair que l'intérêt de la philosophie est avant tout moral et spirituel : sa tâche est de définir une nouvelle économie du vrai alternative à l'économie de la révélation propre à l'école théologique, afin de renouveler la foi du peuple :

> Pour qu'elle [la philosophie] soit efficace, il faut qu'elle soit vraie, et vraie la preuve en main. Une fois qu'elle convaincra, elle obtiendra crédit : le peuple la croira, et quand il aura foi, il aura volonté, il aura action (*sic*)[4].

Le projet de l'éclectisme est ainsi à l'origine moins d'élaborer une énième philosophie morale que de « mettre hors de contestation les principes qu'[il] veut répandre » afin de renouveler une foi commune

1. Sur cette question, voir J.-J. Goblot, *La Jeune France libérale*, *op. cit.*, chapitre 5.

2. Jean-Philibert Damiron (1794-1862) est un éclectique, principal rédacteur, avec Théodore Jouffroy de la rubrique *Philosophie* de la revue *Le Globe* fondée en 1824 par Pierre Leroux et Paul-François Dubois (1793-1874), lui-même ancien élève de Victor Cousin. Son *Essai sur l'histoire de la philosophie en France au Dix-neuvième siècle* (Ponthieu et Compagnie, Libraire, Paris, 1828) est un recueil d'articles parus dans *Le Globe* entre 1825 et 1827.

3. Voir J.-P. Damiron, *Essai sur l'histoire de la philosophie en France au dix-neuvième siècle*, *op. cit.*, p. 416-417.

4. *Ibid.*

susceptible d'orienter la volonté, c'est-à-dire l'action: « Rien ne prête force à l'homme comme les idées dont il est bien possédé. Dès qu'il croit bien, il est prêt à tout ; l'action ne fait plus question pour lui, il la veut sans hésiter et l'exécute avec vigueur »[1]. Autant dire que l'ambition du spiritualisme rationnel ou éclectique est, dès ses débuts, de concurrencer la théologie sur son propre terrain : l'autorité et la vérité, en substituant à la morale issue de la Révélation, une morale déthéologisée prenant appui sur un principe vrai.

L'autonomisation des sphères et le rapport aux Lumières

Le propre de l'éclectisme est ainsi de mettre en place une configuration où l'attache entre la morale et la religion est susceptible de se penser à nouveaux frais, sur la base d'une déthéologisation des sphères proprement humaines, levier d'une autonomisation de la morale et de la politique. Ce projet engage la question de son rapport aux Lumières. L'autonomisation des sphères de la morale et de la politique s'était en effet largement accomplie dans la philosophie des Lumières à la recherche de systèmes de morale reposant sur des principes proprement humains, naturels, qu'ils soient issus de la raison ou du sentiment, qu'ils laissent sa part à la religion ou s'orientent vers un matérialisme athée dont la philosophie d'Helvétius, de Diderot ou du baron d'Holbach sont les emblèmes[2]. En ce sens, le XIXe siècle naissant avait à sa disposition une diversité de systèmes de morales laïques forgés autant dans les Lumières françaises (Helvétius, d'Holbach, Diderot, Voltaire, Rousseau) que dans les Lumières anglaises (Shaftesbury) ou allemandes (Kant), ce qui conduit à s'interroger sur l'originalité du XIXe siècle en ce domaine. La réponse à cette question engage une double considération : d'une part, le spiritualisme s'affirme sur la base d'une critique de l'anthropologie des Lumières françaises dans son expression « matérialiste » tout en s'annexant la philosophie de Kant et en partie celle de Rousseau ; il s'impose par là comme un dispositif de filtrage de l'héritage du XVIIIe siècle qu'il contribue néanmoins, ou plutôt par ce moyen, à populariser. Dès 1817, Victor Cousin est le premier à consacrer une partie de ses enseignements à la philosophie de Kant, à sa théorie de la connaissance comme à sa philosophie morale. C'est à un de ses élèves, Jules Barni, qu'il confie la traduction des œuvres du philosophe allemand,

1. *Ibid.*, p. 418.

2. Voir J. Domenech, *L'éthique des Lumières. Les fondements de la morale dans la philosophie française du XVIIIe siècle*, Paris, Vrin, 1988.

la première à faire autorité[1]. D'autre part, au regard de la diversité des systèmes de morale proposés au XVIIIe siècle, l'originalité du projet de réarticulation de la morale et de la religion propre au XIXe siècle tient en ce qu'il s'accomplit *dans l'histoire*. Il accompagne, autrement dit, le mouvement de sécularisation de la société *en temps réel*, mouvement qui n'engage pas seulement l'orientation des tâches de la philosophie et plus largement de la pensée, mais qui touche aussi les religions instituées dans leur centre de gravité : leur modèle séculaire d'organisation de la communauté des hommes sur la base de la croyance en une surnature (Dieu, la Providence, la vie future).

À partir des orientations fixées par Cousin, le spiritualisme philosophique est pris dans une vague de réinterrogation du religieux qui n'épargne pas les religions instituées, catholicisme, protestantisme et judaïsme, aux prises avec l'impératif moderne de liberté. Cette vague situe la religion et le religieux au cœur du questionnement sur le devenir de la société démocratique : tout en déstabilisant les formes traditionnelles de l'institution et de la croyance proprement religieuses, elle procède à un réinvestissement du domaine et à une captation d'héritage qui se donnent à lire comme un mouvement de sécularisation aussi profond qu'irréversible.

Le champ de la morale au XIXe siècle, et c'est là son originalité, peut ainsi être compris comme le lieu électif de la dynamique de sécularisation, l'épicentre du mouvement de la modernité démocratique en tant que celle-ci suppose de se confronter avec le problème de la fondation. Le spiritualisme dans ses variantes philosophique, religieuse et même populaire est au centre de cette dynamique, la vague sécularisatrice qui l'emporte ne s'épuisant ni dans l'idée, ni dans la morale laïques (deux acquis du siècle des Lumières), mais engageant toujours en son fond l'interrogation sur la fondation démocratique.

RELIGION, MORALE ET LIEN SOCIAL

Le meilleur témoignage de cette dynamique est paradoxalement peut-être à chercher dans le cours sur l'éducation morale qu'Émile Durkheim a dispensé à la Sorbonne en 1902-1903. Vingt ans après l'introduction d'une

1. C'est à Jules Barni que Cousin confie officieusement la première traduction de Kant en 1842. La première traduction officielle de Barni paraît en 1846. Il s'agit de la *Critique du jugement*.

éducation morale laïque dans les programmes de l'école primaire et à près d'un siècle de distance des premiers cours de Cousin, Durkheim y témoigne à la fois d'une admirable prescience du moteur de la modernité en marche, mais aussi de ce qui semble une étonnante pérennité de la matrice morale générée dans le spiritualisme philosophique, au point que se défendant lui-même de l'accusation de matérialisme, il a pu qualifier la sociologie d'« hyperspiritualité »[1].

Le « sociologisme », un hyperspiritualisme ?

Les leçons sur l'éducation morale marquent un tournant dans les spéculations sur la morale au XIXe siècle, notamment en ce qu'elles prennent acte du *fait* de la modernité éducative que Durkheim circonscrit entièrement dans les bornes de la sécularisation et de ce qu'il appelle « la grande révolution pédagogique » générée par l'avènement du régime de laïcité scolaire. Le projet de Durkheim est en ce sens de formuler en termes exclusivement et purement rationnels les éléments de la morale, sur fond de critique des conceptions abstraites et générales produites dans ce qu'il appelle le moralisme philosophique et inadaptées, à ses yeux, à l'expression des réalités morales du présent. Durkheim pense le moment venu d'en finir avec les « devoirs envers Dieu », comme principe et fin de la morale non seulement scolaire, mais surtout sociale.

Reste que ce tournant ne signifie pourtant ni un renoncement complet aux interrogations formulées dans le spiritualisme depuis près d'un siècle, ni un basculement complet de la morale du côté de la Science positive que par ailleurs Durkheim appelle de ses vœux. Durkheim n'est en rien représentatif de ce positivisme scientiste, voire de ce matérialisme auxquels ses contemporains mêmes ont tenté de réduire la sociologie naissante. Des affinités manifestes existent entre Durkheim et Ferdinand Buisson dont les raisons restent assez opaques. C'est avec Buisson qu'il co-écrit les deux articles « Éducation » et « Enfance » du *Nouveau Dictionnaire de pédagogie et d'instruction primaire*[2], c'est à Buisson qu'il succède à la Chaire de Science de l'éducation à la Sorbonne en 1902. Dans l'article qu'il consacre à la philosophie française en 1915 et paru dans la *La Revue*

1. Dans l'article intitulé « Représentations individuelles et représentations collectives » (1898), reproduit dans *Sociologie et philosophie*, Paris, Alcan, 1924, p. 1-48.

2. F. Buisson (dir.), *Nouveau Dictionnaire de pédagogie et d'instruction primaire*, Paris, Hachette, 1911.

de Paris[1], Bergson classe Buisson parmi les moralistes de l'école sociologique française aux côtés de Paul Bureau, Gustave Belot, Dominique Parodi, Henri Michel, Elme Caro, Jean Bourdeau, Frédéric Rauh, Alphonse Darlu et Paulin Malapert. C'est un durkheimien, Célestin Bouglé, qui fait paraître en volume et préface en 1933 un recueil d'articles de Ferdinand Buisson[2]. C'est encore lui qui livre à la *Revue de métaphysique et de morale* en 1932 un article intitulé « Sur la philosophie de Ferdinand Buisson », à la mort de ce dernier. À l'inverse, la sociologie de Durkheim est comptée parmi les tendances spiritualistes à l'article « Spiritualisme » du *Vocabulaire technique et critique de la philosophie* d'André Lalande, en raison de son dualisme de l'individu et de la société[3]. Durkheim lui-même a consacré un certain nombre d'articles à la question du dualisme[4].

Durkheim a partagé avec Buisson des convictions républicaines et laïques, et aussi au tournant du siècle, des préoccupations touchant ce que Bouglé appelle « l'idée socialiste » et « l'idée pacifiste ». Il semble toutefois que des traits plus proprement philosophiques apparentent leurs conceptions et permettent d'inscrire Durkheim dans une filiation nuancée avec les tendances spiritualistes de la philosophie de son temps. Le trait d'union est fait par Célestin Bouglé dans la préface qu'il consacre au volume *Sociologie et philosophie* paru en 1924[5]. Bouglé y explique que Durkheim n'a pas pu se désintéresser des problèmes généraux qui occupent ordinairement les philosophes (rapports de la matière et de l'esprit, de la conscience et de la nature, de la raison et de la sensibilité). Si, sur le terrain spécial qui a constitué la préoccupation maîtresse de toute son œuvre, à savoir la morale, il a manifesté l'exigence légitime d'« offrir enfin à la conscience comme un soubassement de faits établis par l'observation positive », il a pourtant été amené à traiter « à sa manière » des « grands problèmes généraux qui ne se laissent pas oublier ». La toute nouvelle sociologie, explique-t-il, avait aussi à prouver son « droit à l'existence » par

1. Livraison du 15 mai 1915, p. 236-256.

2. Voir C. Bouglé, *Un moraliste laïque, Ferdinand Buisson*, Paris, Alcan, 1933.

3. A. Lalande, *Vocabulaire technique et critique de la philosophie*, Paris, P.U.F., 1926, p. 1019-1024.

4. *Cf.* L'article intitulé « Représentations individuelles et représentations collectives » (1898), reproduit dans *Sociologie et philosophie*, Paris, Alcan, 1924, p. 1-48. Et « Le dualisme de la nature humaine et ses conditions sociales », dans *Scientia*, XV, 1914, p. 206-221.

5. L'ouvrage rassemble des articles parus dans la *Revue de métaphysique et de morale* et dans le *Bulletin de la société française de philosophie*. *Sociologie et philosophie*, Paris, Alcan, 1924, préface p. V-XV.

des « discussions de principe » : « il est rare qu'une science à l'état naissant ne soit pas obligée de philosopher pour se tailler sa place : elle se pose en se distinguant »[1]. Ainsi est né ce que Bouglé appelle le « sociologisme » qu'il définit « un effort philosophique pour couronner les études spéciales auxquelles se consacrent les sociologues, par une théorie explicative de l'esprit humain »[2]. Il rappelle à quel point on a fait à la sociologie un procès d'intention en tentant de la souder avec le matérialisme, l'organicisme, et l'utilitarisme social, alors que les tendances du sociologisme en sont manifestement éloignées : dans l'ordre de la philosophie théorique et à plus forte raison dans celui de la philosophie pratique, Durkheim s'est refusé à « effacer l'originalité de la vie spirituelle », la vraie fonction de la société étant de « créer de l'idéal ». La fin dominante de la société est bien de promouvoir la civilisation, si l'on entend par « civilisation » non la multiplication des biens matériels, mais « l'ensemble des biens spirituels qui sont des instruments de perfectionnement personnel en même temps que de communion sociale »[3]. En ce sens, le rôle essentiel de la société est de « rendre possible, en préparant les conditions de la vie spirituelle, l'avènement d'une humanité »[4]. Ainsi entendu, conclut Bouglé, « le sociologisme durkheimien est bien plutôt un effort pour fonder et justifier de façon nouvelle les tendances spiritualistes »[5]. Durkheim semble confirmer ce constat dans l'article qu'il consacre aux représentations individuelles et collectives en 1898, où il affirme considérer la vie sociale comme une « hyperspiritualité », se démarquant sans aucune ambiguïté du soupçon de matérialisme :

> [...] du point de vue où nous nous plaçons, si l'on appelle *spiritualité* la propriété distinctive de la vie représentative chez l'individu, on devra dire de la vie sociale qu'elle se définit par une *hyperspiritualité ;* nous entendons par là que les attributs constitutifs de la vie psychique s'y retrouvent, mais élevés à une bien plus haute puissance et de manière à constituer quelque chose d'entièrement nouveau[6].

La sociologie n'engage pas ainsi l'absorption de la conscience individuelle dans la conscience collective, ni le sacrifice de l'individu au profit du collectif sur le modèle de la solidarité mécanique des sociétés

1. E. Durkheim, *Sociologie et philosophie*, *op. cit.*, p. VII.
2. *Ibid.*, p. VIII.
3. *Ibid.*, p. XIV.
4. *Ibid.*
5. *Ibid.*, p. XV.
6. *Ibid.*, p. 48.

traditionnelles. Elle suppose en revanche de former chez les individus des dispositions d'esprit en accord avec la société dans laquelle ils sont destinés à vivre, elle requiert une éducation de la conscience. L'objet même des leçons sur l'éducation morale est de redéfinir les conditions de ce projet en son fond spiritualiste.

Les éléments de la moralité

Durkheim consacre le premier moment de ses leçons de morale à la définition et à la description des éléments de la moralité, en vue de livrer une théorie du devoir, du bien et de l'autonomie, trois éléments issus de la tradition philosophique et morale. L'intérêt des leçons en ce sens résiderait dans la manière de réinvestir les catégories de la morale spiritualiste en vue de les reformuler de façon plus décisivement rationnelle et laïque. En d'autres termes, les leçons sur l'éducation morale viendraient plutôt renforcer les grandes options de la morale spiritualiste que les contredire : la fondation/ limitation de la liberté individuelle (l'« esprit de discipline »), le nécessaire dévouement à un idéal supra-individuel et la formation de dispositions subjectives propres à renouveler une foi commune source d'action (l'« attachement aux groupes sociaux »), l'autonomie de la volonté, élément par lequel Durkheim n'échappe pas à l'explication avec Kant qui est au centre de la philosophie morale spiritualiste depuis les premiers écrits de Victor Cousin (« l'autonomie de la volonté »).

Ce dispositif qui semble bien procéder à une légitimation renouvelée des tendances spiritualistes s'impose par l'observation de la réalité morale elle-même. Celle-ci permet de mettre en évidence une série de faits : le fait *princeps*, c'est que la morale relève d'un ordre de phénomènes à part, *séparé*, que Durkheim appelle *sacré*, caractère qu'elle partage avec la religion :

> Ainsi le domaine de la morale est comme entouré d'une barrière mystérieuse qui en tient à l'écart les profanateurs, tout comme le domaine religieux est soustrait aux atteintes du profane. C'est un domaine *sacré*[1]. Toutes les choses qu'il comprend sont comme investies d'une dignité particulière, qui les élève au-dessus de nos individualités empiriques, qui leur confère une sorte de réalité transcendante[2].

1. En italiques dans le texte.
2. Voir E. Durkheim, *L'éducation morale* [1924], Paris, P.U.F., 1992, intro., p. 8.

Le sacré est l'intime de la réalité morale qui n'est ainsi jamais, qu'elle soit laïque ou religieuse, une production purement individuelle. Le caractère sacré de la morale vient en effet de ce qu'elle dépend et de ce qu'elle émane d'une réalité supra-individuelle : Dieu, dans la morale religieuse, la société dans la morale laïque.

Le deuxième fait, c'est que la morale présente des invariants : d'une part, elle est un système de commandements, de règles qui font autorité sur l'individu, d'autre part, elle puise la source de son autorité, de son efficacité, de sa force dans une réalité transcendante. Ce que les moralistes appellent le devoir et le bien sont ainsi des éléments invariants de la moralité que Durkheim, toutefois, s'attache à historiciser, c'est-à-dire à décrire et expliquer à partir de l'observation de la réalité morale. Or, si cette observation met en évidence la présence de ces deux éléments dans toute réalité morale, elle éclaire aussi la difficulté de les trouver réunis et équilibrés dans leur rapport, dans l'individu comme dans la société. Cette analyse permet à Durkheim de distinguer deux types moraux d'individus : chez les uns (« dont Kant est l'exemplaire idéal »), c'est le sentiment de la règle, de la discipline qui est prédominant ; les autres, au contraire, « au lieu de se contenir et de se concentrer, aiment à se dépenser et à se répandre au dehors ; ils aiment à s'attacher, à se dévouer »[1]. Il en est des sociétés comme des individus, dit Durkheim : quand les sentiments collectifs sont suffisamment partagés, alors c'est le goût de la règle et de l'ordre qui est « naturellement prépondérant ». Au contraire, dans les époques « de transition et de transformation », l'esprit de discipline est considérablement affaibli. « Par suite, c'est l'autre élément de la moralité, c'est le besoin d'un objectif auquel on puisse s'attacher, d'un idéal auquel on puisse [se] consacrer, c'est en un mot l'esprit de sacrifice et de dévouement qui devient le ressort moral par excellence »[2]. Or, Durkheim estime que la société de son temps est précisément dans cette situation : la société ne présente pas cette unité « qui vient [...] de ce qu'une bonne discipline assure le concours harmonique des fonctions ». C'est donc « surtout la foi dans un commun idéal qu'il faut chercher à éveiller ». « Avant tout, il faut nous faire une âme »[3]. Objectif que Durkheim circonscrit autour de ce qu'il appelle un « patriotisme spiritualisé »[4].

1. *Ibid.*, 1re partie, 7e leçon, p. 84-85.
2. *Ibid.*, p. 86.
3. *Ibid.*, p. 87.
4. *Ibid.*

On ne peut que relever ici la convergence de vues entre les conceptions de Durkheim et celles du spiritualisme philosophique. La centration de la morale sur l'esprit de sacrifice et de dévouement est en effet un trait que l'on retrouve dans le spiritualisme philosophique sur une période de plus de cinquante ans. C'est précisément cette dimension de la morale qui motive, d'une part la critique spiritualiste de Kant, d'autre part la recherche d'un dépassement des options cousiniennes par un réinvestissement du religieux et la formulation d'un théisme philosophique. Or, si le projet de Durkheim est bien d'en finir avec les devoirs envers Dieu en sécularisant la morale, sa propre compréhension de la divinité comme expression symbolique de la collectivité confère à la moralité telle qu'il la réélabore une dimension intimement religieuse, ce qui lui permet de faire de la morale une réalité encore plus profonde que la religion, dont la conscience individuelle et collective est pénétrée tout au long de sa formation. Cet effort vers une moralité de l'esprit privilégiant l'homme intérieur est la dynamique même du spiritualisme au XIXe siècle.

La lecture de Durkheim incite ainsi à se demander si la reformulation des principes de la morale dans le spiritualisme philosophique ne constitue pas une matrice indépassable au XIXe siècle, notamment par sa manière de comprendre le religieux dans l'intimité du lien moral et social.

UN PARADIGME SPIRITUALISTE ?

Du vrai principe de la morale au ressort de l'action

En 1817, à la Faculté des Lettres de Paris, Cousin professe un cours dont l'objet porte sur ce qu'il appelle « le vrai principe de la morale »[1]. Il y fixe les principes qui deviendront les topiques de la morale spiritualiste laïque jusque dans ses développements scolaire et républicain : la critique de la morale « matérialiste » de l'intérêt promue par les Lumières françaises, la critique de l'obligation morale issue du décret divin, la promotion d'une morale du devoir et du dévouement reposant sur la conception kantienne de la loi morale, ou du moins, sur ce que Cousin en a compris[2]. Cousin n'est l'initiateur ni de la critique de la morale de l'intérêt, ni de la

1. Voir V. Cousin, « Du vrai principe de la morale », dans *Premiers essais de philosophie*, Didier et Cie, Libraires-Éditeurs, Paris, 1862, p 338-357.

2. Cousin a lu Kant dans l'ouvrage de Villers paru en 1801, *Philosophie de Kant ou principes fondamentaux de la philosophie transcendantale*, *op. cit.*

promotion de Kant, le renouveau philosophique et anthropologique que ces orientations supposent ayant été signalé précocément par Madame de Staël[1]. Maine de Biran, Cousin et même Constant[2] n'ont fait que s'inscrire dans ses pas. La morale de l'intérêt est réfutée et condamnée dans son principe et ses conséquences : l'égoïsme. La stigmatisation de l'égoïsme participe d'une certaine lecture de ce que l'on désignera assez rapidement et péjorativement du nom d'« individualisme » : l'individualisme, c'est l'intérêt particulier poursuivi au mépris des droits de la puissance publique[3] ; l'égoïsme, c'est la manière qu'a l'individu de se prendre lui-même pour fin de son action. Au principe de l'individualisme ne peut être attaché aucun droit car, et en cela consiste le problème politico-moral de la société post-révolutionnaire, l'exercice de la liberté individuelle ne peut pas être par lui-même un droit, ni la loi qui préside à l'action. D'où la question que Cousin énonce comme le « premier problème de la morale » : « y a-t-il ou n'y a-t-il pas une loi qui oblige tout agent moral ? »[4]. Cette loi existe, c'est la loi du devoir, « loi d'airain » à laquelle il faut soumettre les « actions faites ou à faire pour savoir si elles sont bonnes ou mauvaises »[5]. Contre toute attente, cette loi du devoir n'est pas identifiée par Cousin à l'impératif catégorique kantien. Celui-ci est compris comme une règle de second ordre, plus « aisée à mettre en rapport avec nos besoins », suffisamment « générale » pour exprimer « fidèlement » la loi du devoir, mais aussi plus « pratique » et que Cousin traduit comme suit : « Interrogez-vous vous-même, et voyez si, en généralisant le motif de l'action que vous allez faire, vous pouvez le considérer comme un principe de législation universelle ». La « traduction » cousinienne de l'impératif kantien l'articule à la méthode psychologique de l'observation intérieure : pour connaître le principe de l'action, il suffit de « rentrer dans le sanctuaire de [son] cœur »[6], affirme Cousin. En faisant du principe de la morale d'inspiration kantienne un principe qui ne peut être atteint que par la méthode psychologique, Cousin procède ainsi à l'annexion de Kant à la psychologie spiritualiste : il en fait un philosophe de l'observation intérieure. Il suit en cela les

1. Voir le chap. I.

2. Benjamin Constant critique férocement l'anthropologie matérialiste d'Helvétius et la morale de l'intérêt au Livre 1 de *De la religion considérée dans sa source, sa forme et ses développements*, Paris, Pichon et Didier, 1824-1831. 5 volumes.

3. C'est un des tout premiers sens du mot, relevé par Lucien Jaume, *op. cit.*, introduction, p. 10.

4. V. Cousin, « Du vrai principe de la morale », *op. cit.*, p. 353.

5. *Ibid.*, p. 352.

6. *Ibid.*, p. 346.

intuitions de Germaine de Staël, mais fait de Kant plus décisivement un philosophe spiritualiste.

Suivant la méthode éclectique, il achève de le corriger en s'intéressant aux motifs de l'action, la « soumission volontaire au devoir », « simple et mâle doctrine » n'étant pas un ressort d'action suffisant. Il y ajoute le bonheur, non dans l'esprit de la philosophie de Kant, mais dans le but de réintroduire de l'intérêt et partant, des sanctions, dans sa conception de la morale. La crainte du châtiment dans une autre vie relevant d'une morale de l'intérêt, Cousin cherche la formulation d'une « sanction de la raison » qu'il trouve dans la « loi du mérite et du démérite » : elle est le « jugement absolu par lequel nous prononçons que l'agent vertueux a mérité le bonheur : il suit de ce jugement que le bonheur pour un être moral est le prix de la vertu »[1]. Le souverain bien est ainsi constitué du bonheur et de la vertu, ou plutôt, du bonheur par la vertu. Il est donc accessible en ce bas monde et sans le secours de la religion. La démonstration de l'indépendance de la morale à l'égard de la religion est l'un des points forts du cours de 1817. Aux yeux de Cousin, la loi de la justice est une loi absolue, transcendante, supérieure à Dieu même ; elle est « la loi de tout être moral, même de Dieu »[2]. L'obligation morale n'a donc pas son principe dans la volonté de Dieu. La morale n'est pas plus fondée sur les commandements de la religion. C'est au contraire la morale qui conduit à la religion, « couronnement de la morale ». La loi du devoir qui fonde la morale est ainsi plus extensive, plus compréhensive et plus absolue que la loi religieuse issue de l'arbitraire divin.

Dès 1817, Cousin formule ainsi le principe d'une indépendance de la morale non seulement à l'égard de tout dogme confessionnel particulier, mais même à l'égard de Dieu.

Sans remettre en cause le principe d'une morale indépendante de la théologie, le spiritualisme philosophique, à partir des années 1840, œuvre à la réintroduction de l'idée de Dieu dans la philosophie.

Morale, religion et liberté

Alors que Victor Cousin, dans la tradition libérale héritée de Voltaire, avait pérennisé l'alliance entre lumières et liberté, d'un côté, religion et contrôle social de l'autre, faisant de la philosophie, non seulement le lieu de

1. *Ibid.*, p. 369.
2. *Ibid.* p. 345.

l'exclusion de la religion, mais une institution sociale directement concurrente de l'Église dans sa vocation au magistère moral et sa visée de vérité, le spiritualisme philosophique à partir des années 1840 cherche à se renouveler en puisant dans la religion la source d'une modernisation de la croyance propre à fonder la liberté du sujet moral. La dissidence à l'égard du cousinisme s'accomplit sur plusieurs fronts : celui du panthéisme d'abord, dont la doctrine éclectique est soupçonnée et accusée et qui oblige à réinterroger la place de Dieu dans le devenir de la société, celui de l'idée ou du principe spiritualiste ensuite, mettant en cause les principes mêmes de l'éclectisme : le caractère absolu et impersonnel de la raison au détriment du sentiment, l'exclusion de la religion du domaine de la philosophie. La question du panthéisme est ainsi étroitement liée à la quête d'un « vrai » spiritualisme davantage susceptible, par la fondation subjective qu'il ménage, de fonder la liberté de la personne humaine.

La tâche philosophique est d'autant plus urgente qu'à partir de 1840 et pour apaiser le conflit avec le clergé, Victor Cousin a scellé l'alliance de la philosophie avec le christianisme et de l'Université avec l'Église, faisant évoluer sa doctrine de l'éclectisme vers un spiritualisme vulgaire dont l'édition deux fois remaniée de *Du Vrai, Du Beau, Du Bien* est le témoignage[1]. L'ouvrage est la reprise d'un cours professé en 1817 et que Cousin n'aura de cesse de réécrire jusqu'à la fixation de cette vulgate spiritualiste qui, à la fin du XIXe siècle, ne sera plus qu'une forme de croyance de sens commun, ce que Janet appelle un « théisme populaire », reprochant à Cousin d'avoir trahi sa propre philosophie en mettant Platon « à la portée du vulgaire »[2]. C'est dans l'avant-propos de l'ouvrage daté de 1853 que Cousin fait du spiritualisme un drapeau et une doctrine de ralliement autour des bonnes causes :

> Notre vraie doctrine, notre vrai drapeau est le spiritualisme, cette philosophie aussi solide que généreuse, qui commence avec Socrate et Platon, que l'Évangile a répandue dans le monde, que Descartes a mise sous les formes sévères du génie moderne [...]. On lui donne à bon droit le nom de spiritualisme, parce que son caractère est de subordonner les sens à l'esprit, et de tendre, par tous les moyens que la raison avoue, à élever et à agrandir l'homme. Elle enseigne la spiritualité de l'âme, la liberté et la responsabilité des actions humaines, l'obligation morale, la vertu désintéressée, la dignité de la justice, la beauté de la charité ; et par delà les limites de ce

1. D'après le témoignage de Janet. Voir *Victor Cousin et son œuvre*, *op. cit.*, chap. XV.

2. L'année 1875 voit paraître la dix-neuvième édition de *Du Vrai, du Beau, du Bien* chez Didier et Cie Libraires-éditeurs, Paris. La première édition date de 1846.

> monde elle montre un Dieu, auteur et type de l'humanité, qui, après l'avoir faite évidemment pour une fin excellente, ne l'abandonnera pas dans le développement mystérieux de sa destinée[1].

Ce n'est pas un hasard si c'est sous le Second Empire que Cousin popularise cette vulgate spiritualiste en laquelle Ferry verra un terrain de compromis social et politique dans les années 1880. Le Second Empire voit en effet la montée en puissance du positivisme qui vient concurrencer le spiritualisme sur son propre terrain, celui de l'esprit humain, en en proposant une loi universelle de développement. Il propose aussi un nouveau partage du pouvoir spirituel et du pouvoir temporel ainsi qu'une religion sans Dieu, la religion de l'Humanité ou du Grand Être, en laquelle les philosophes spiritualistes verront « une religion presque mystique », « prenant pour base un matérialisme absolu », selon les termes de l'examen qu'Elme Caro lui consacre en 1887. L'intention et la mission de celui que Caro appelle M. Comte, sont de « chasser de la vie et de l'histoire les esclaves de Dieu, pour amener le règne des serviteurs de l'humanité. Dieu est mort, vive le dieu nouveau »[2].

Sur une période de plus de quarante ans, de 1840 à la période de rénovation de l'école primaire, la philosophie spiritualiste va donc œuvrer à occuper le terrain de la morale et de la religion, en réinvestissant tout particulièrement cette figure de l'Un qu'est Dieu, se démarquant dans un premier temps du panthéisme de Cousin, dans un deuxième temps de l'athéisme[3], dans une conjoncture où la possibilité d'une religion sans

1. Voir V. Cousin, *Du Vrai, du Beau, du Bien*, Paris, Didier et Cie, Libraires-Éditeurs, 1875, préface de 1853, p. VII-VIII.

2. Voir E. Caro, *Etudes morales sur le temps présent*, Paris, Hachette, 1887, 3e étude, « La religion positiviste », p. 67-130, citation p. 78.

3. Voir par exemple la première conférence donnée à la Ligue nationale contre l'athéisme en 1891 par Adolphe Franck qui en est alors le président (il a 82 ans). Intitulée *L'idée de Dieu dans ses rapports avec la science*, elle [convie] tous les hommes religieux, quelles que soient les différences qui les séparent dans leurs professions de foi respectives, à se réunir contre l'ennemi commun, l'athéisme ; et, par là même, contre le matérialisme et le positivisme, ses alliés inséparables » (*Avertissement*, p. III). S'exprimant au nom des adhérents de la Ligue, Franck y défend, tout comme Jules Simon, la place de Dieu au fondement du lien moral et social : « … nous n'admettons pas qu'elle [la société] puisse subsister sans Dieu, autant dire sans justice, sans honneur, sans liberté, sans respect d'elle-même ; car Dieu représentant l'éternité et la perfection, est le dernier mot et la suprême garantie de toutes ces choses. » *L'idée de Dieu dans ses rapports avec la science*, Paris, Georges Carré éditeur, Librairie de la Ligue contre l'athéisme, 1891, p. 4.

Dieu au principe du lien social est prophétisée dans le positivisme comme dans une multitude de « religions laïques »[1].

LE SPIRITUALISME FACE AU PANTHÉISME ET À L'ATHÉISME

L'éclectisme est une philosophie pour laquelle il n'y a pas d'au-delà de la raison. Tout le projet cousinien vise à fonder le moi dans la raison comprise à la fois comme personnelle et impersonnelle. D'où son rapport ambigu au Dieu créateur : sa manière de le comprendre comme « substance et cause » apparente la doctrine à un panthéisme. L'ambiguïté est manifeste dans un passage de la préface aux *Fragments* de 1826 par la suite maintes fois cité et incriminé par les détracteurs de Cousin :

> Le dieu (*sic*) de la conscience n'est pas un dieu abstrait, un roi solitaire relégué par-delà la création sur le trône d'une éternité silencieuse et d'une existence absolue, qui ressemble au néant même de l'existence : c'est un dieu à la fois vrai et réel, à la fois substance et cause, toujours substance et toujours cause, n'étant substance qu'en tant que cause, et cause qu'en tant que substance, c'est-à-dire étant cause absolue, un et plusieurs, éternité et temps, espace et nombre, essence et vie, individualité et totalité, principe, fin et milieu, au sommet de l'être et à son plus humble degré, infini et fini tout ensemble, triple enfin, c'est-à-dire à la fois dieu, nature et humanité[2].

Jusque dans les années 1840, professer cette doctrine n'a en rien gêné Cousin. Cousin a toujours été à la fois clair et ferme sur la séparation entre philosophie et religion, témoignant d'une conception tout à fait laïque du savoir philosophique, intraitable aussi sur les droits de l'État enseignant, c'est-à-dire sur la défense de l'indépendance de l'Université à l'égard de quelque dogme confessionnel que ce soit[3]. Il n'a eu de cesse, dans la première période de son activité philosophique, que d'asseoir le spiritualisme éclectique sur une base rationnelle, en vue de le distinguer de toutes les formules d'un spiritualisme « vague » et « sentimental ».

1. En 1913, le R.P. Dom Besse fera paraître un ouvrage synthétique et critique sur les religions laïques, dans lequel il affirme, entre autres sentences, que « toutes ces religions », celles de Guyau, Payot, Jacob, Belot, Fouillée, Pécaut, Wagner, Durkheim, Delvolvé sont des « religions de l'humanité ». Voir R. P. Dom Besse, *Les religions laïques. Un romantisme religieux*, Paris, Nouvelle Librairie Nationale, 1913, chapitre IV, p. 70.

2. V. Cousin, *Préface aux Fragments Philosophiques* de 1826, *op. cit.*, p. XXIX.

3. Voir V. Cousin, *Défense de l'Université et de la philosophie*, Paris, Joubert, 1844.

Les années 1841-1845 marquent toutefois un tournant en ce qu'elles portent la querelle du panthéisme à l'incandescence poussant Cousin à réviser sa doctrine et provoquant de nouveaux partages au sein du spiritualisme philosophique.

La querelle du panthéisme

La querelle du panthéisme a fait l'objet d'un commentaire minutieux de Patrice Vermeren dans l'ouvrage de référence qu'il a consacré à Cousin[1]. Il y rappelle que le panthéisme supposé de la doctrine éclectique a fait l'objet d'une dénonciation dès 1830 de la part de l'Église et des ultra-royalistes. Mais la querelle ne commence vraiment qu'à partir de 1841 : le rapport Villemain sur l'état de l'instruction primaire en France en est l'origine par sa proposition de soumettre les instituteurs exerçant dans des associations de frères ou des congrégations aux mêmes conditions d'exercice que leurs homologues laïcs (brevet de capacité, certificat de moralité), proposition qui provoque une vive réaction du clergé : cinquante six évêques manifestent publiquement dont l'archevêque de Paris, l'archevêque de Bordeaux, l'évêque de Chartres. La crise qui s'ensuit conduit la polémique religieuse à se cristalliser conjointement sur la dénonciation du monopole de l'Université et sur la philosophie éclectique et son enseignement, dénoncée comme école de vice et d'athéisme.

La querelle philosophique du panthéisme avait commencé dès la promulgation et la mise en œuvre du programme de philosophie des collèges en 1832, par la voix de Louis Bautain, ancien élève de Victor Cousin entré en religion, en poste à la faculté des Lettres de Strasbourg et auteur d'une *Philosophie du Christianisme* publiée en 1835[2]. L'ouvrage de Bautain inaugure les topiques de la question du panthéisme inlassablement repris et étayés : apologie de la révélation divine comme vraie sagesse, réduction de tout système fondé sur la raison au panthéisme, dénonciation du panthéisme comme « véritable hérésie du monde moderne »[3]. Le panthéisme devient ainsi l'« erreur commune et fatale » à l'origine de tous

1. Voir P. Vermeren, *Victor Cousin. Le jeu de la philosophie et de l'État*, Paris, L'Harmattan, 1995, *op. cit.*, chap. 9. Voir également C. Mauve, « La querelle du panthéisme », *Cahier du Collège international de philosophie*, n° 4, 1987.

2. Voir L. Bautain, *Philosophie du christianisme. Correspondance religieuse de Louis Bautain*, Paris, Derivaux Strasbourg, 1835.

3. Voir S. Douailler, R.-P. Droit, P. Vermeren (dir.), *Philosophie France XIXe siècle. Écrits et opuscules*, Paris, Le Livre de Poche, 1994, chap. III : « Dieu n'est pas mort », introduction par P. Vermeren. L'expression est citée p. 220.

les systèmes de métaphysiques vaines et du renversement de la morale. Les arguments seront repris, systématisés par l'abbé Maret, en 1840, l'archevêque de Paris qui descend dans l'arène pour dispenser des conférences. « Dieu nous manque », dit l'abbé Maret dans son *Essai sur le panthéisme dans les sociétés modernes*[1], « les esprits et les cœurs sont vides de Dieu [...] et qu'est-ce qui a pris la place de Dieu ? L'homme ; l'homme qui ne veut relever que de lui-même, qui veut se suffire à lui-même, qui ne cherche sa loi qu'en lui-même »[2].

La querelle du panthéisme, par sa longévité[3], son ampleur, son retentissement international rappelle aussi que l'institutionnalisation de l'enseignement de la philosophie par Victor Cousin n'a pas été sans générer de crise sur la longue durée.

Cette crise qui met en tension l'institutionnalisation de l'enseignement laïque de la philosophie et l'Église catholique, se cristallise sur la question du panthéisme dans ses deux versants politique et philosophique : dans son versant politique, elle pousse à réinterroger la place de Dieu dans le devenir de la société ; dans son versant philosophique, elle relance une question décisive dans la philosophie spiritualiste, celle de la fondation ; fondation subjective ou fondation de la raison individuelle et du même coup, fondation de la liberté du sujet moral. Les adversaires de Victor Cousin ont bien compris que le panthéisme est la faille du système dans la mesure où, et la démonstration de l'abbé Maret est sur ce point fort claire, l'oubli de Dieu a pour conséquence de faire reposer l'ensemble du dispositif métaphysique et moral sur la seule raison ; or, ou il faut supposer l'auto-fondation de la raison, ou il faut la fonder dans cet être incommensurable : Dieu. Si la raison s'auto-fonde, alors il n'y a plus de garant du vrai et la « science catholique », comme l'appelle l'abbé Maret, est la seule science qui mène à la vérité. Dans la mesure où l'abbé Maret, à la suite de l'abbé Bautain, considère que tout rationalisme est un panthéisme avoué ou déguisé[4], dont

1. Voir Abbé H. Maret, *Essai sur le panthéisme dans les sociétés modernes*, Paris, Librairie Méquignon et Leroux, 1840. L'ouvrage est réédité en 1842 et 1845 et traduit dans toutes les langues de l'Europe.

2. *Ibid.*, introduction.

3. D'après le commentateur de l'œuvre de Cousin Renzo Ragghianti, c'est l'*Histoire critique des doctrines religieuses de la philosophie moderne* (Paris, Meyrueis) de Christian Bartholmèss, paru en 1855, qui met un point final à la querelle philosophico-politique du panthéisme. D'après C. Mauve, « La querelle du panthéisme », art. cit., la querelle se poursuit jusqu'à la fin du siècle.

4. « Le rationalisme a toujours gravité vers le panthéisme », écrit-il, « toujours il a tendu à se transformer en cette doctrine », *op. cit.*, introduction.

la conséquence inévitable est l'athéisme, la démonstration est vite faite : « Point de milieu entre le catholicisme et le panthéisme »[1].

Ces attaques qui menacent l'enseignement de la philosophie et sa position au sein de l'Université, sont à l'origine de l'évolution de l'éclectisme en direction d'un spiritualisme populaire avec Cousin, mais philosophiquement plus conséquent avec Janet, Simon, Caro, Saisset. Cousin révise sa doctrine dont l'ultime formule est déposée dans l'édition de 1853 de *Du Vrai, du Beau, du Bien*, vulgate spiritualiste à laquelle sont demeurés attachés son nom et son œuvre ; tandis qu'un certain nombre de ses disciples, dont Janet, Simon, Caro, Saisset, procèdent à une reprise philosophique du religieux les conduisant à une exigence d'approfondissement de l'idée spiritualiste dans une direction plus religieuse, mais aussi plus libérale.

Du Vrai, du Beau et du Bien : l'édition de 1853

Dans la biographie qu'il consacre à Victor Cousin, Paul Janet traite de ce qu'il appelle la dernière philosophie de Cousin[2] au centre de laquelle se trouve la troisième édition de *Du Vrai, du Beau et du Bien*, celle de 1853. Dans son souci d'objectivité, Janet rappelle que la pensée « spiritualiste, idéaliste, platonicienne » a toujours été « l'âme » de la philosophie de Cousin. Mais il reconnaît que pour des raisons conjoncturelles, liées à une montée de l'athéisme en Europe dans les années 1850, il a modifié sa philosophie « dans un sens exclusivement populaire et sans y introduire aucunes vues nouvelles »[3]. L'édition de 1853 de *Du Vrai, du Beau et du Bien* est l'illustration de ce théisme populaire auquel est resté attaché, non seulement le nom de Victor Cousin et sa philosophie, mais aussi le mot même de « spiritualisme ». L'ouvrage concentre la vulgate spiritualiste dans sa version définitive, comme doctrine et comme « drapeau ». Ses articles de foi sont exposés comme autant de vérités de sens commun mises hors de portée de toute contestation : spiritualité de l'âme, liberté et responsabilité des actions humaines, obligation morale, vertu désintéressée, dignité de la justice, beauté de la charité, existence de Dieu, « auteur et

1. Tel est le mot d'ordre qui rassemble le clergé dans la période, d'après Eugène Poitou, *Les philosophes français contemporains et leurs systèmes religieux*, Paris, Charpentier, 1864, p. 19.

2. *Cf.* P. Janet, *Victor Cousin et son œuvre*, *op. cit.*, chap. XV.

3. *Ibid.*, p. 387.

type de l'humanité»[1]. «Allié naturel de toutes les bonnes causes», le spiritualisme «soutient le sentiment religieux», «seconde l'art véritable», «apprend à tous les hommes à se respecter et à s'aimer». Le vrai, le beau et le bien sont présentés comme les trois idées ayant présidé au développement de tous les systèmes philosophiques, le projet de Cousin en 1853 étant de fixer ces idées sous une forme dogmatique et de répondre au besoin invincible de «principes fixes et immuables» propre à la période. Autant dire que l'ensemble de l'argumentation vise à critiquer toute forme de scepticisme, dans les domaines de la connaissance, de l'esthétique et de la morale. L'exercice s'apparente ainsi à un recensement des bonnes et des mauvaises doctrines, mais mieux encore, il illustre l'art du juste milieu qui a aussi fait la renommée de Cousin: ainsi concilie-t-il la raison et le sentiment, le «scepticisme» de Kant et son idéalisme, l'empirisme de Locke et le rationalisme de Descartes. En ce sens, l'ouvrage semble assez fidèle à la méthode éclectique habituelle à la pensée de Cousin. La différence principale de l'ouvrage au regard de ses écrits antérieurs, tient dans la place qu'il confère à Dieu et au réaménagement des rapports entre philosophie et religion. Se livrant à une sommaire démonstration de l'existence de Dieu, Cousin avance que toute quête philosophique des principes universels et absolus du vrai, du beau et du bien conduit inévitablement au principe des principes, Dieu. La théodicée retrouve ainsi une place centrale dans les questions de philosophie et de morale. Le fondement ultime du vrai, du beau et du bien est Dieu. Les catégories de la morale spiritualiste, liberté et responsabilité, dignité de l'homme, devoir et dévouement, justice et charité, signes de la perfection de l'homme, sont ainsi directement rattachées à la perfection de Dieu.

Soucieux du sens commun plus que de démonstration philosophique, Cousin prône ici les vertus d'un spiritualisme populaire, mais dont il importe de considérer qu'il n'est pas si éloigné du spiritualisme philosophique. C'est pourquoi Janet ne le critique pas en son fond. Au contraire, il considère comme légitime l'entreprise de Cousin à un moment de «dissolution universelle qui partout tournait au profit de l'athéisme»[2]. Bien mieux, il avance que c'est ce même souci qui a été à l'origine du renouvellement de l'éclectisme, à l'aide de Leibniz et de Biran, dans les travaux

1. Voir V. Cousin, *Du Vrai, du Beau et du Bien*, Paris, *op. cit.*, avant-propos de 1853, p. VII.

2. P. Janet, *Victor Cousin et son oeuvre*, *op. cit.*, p. 389.

d'Émile Saisset, Adolphe Franck, Jules Simon, Francisque Bouillier et Eugène Bersot[1].

Théisme philosophique et religion du sens commun

C'est sur la base d'un théisme que la philosophie spiritualiste se réoriente. Un théisme plutôt qu'un déisme, bien que les philosophes de l'école éclectique aient largement contribué à brouiller la frontière d'une distinction clairement établie par Kant dans la *Critique de la raison pure*[2]. D'après le *Vocabulaire technique et critique de la philosophie* d'André Lalande, meilleure trace, au début du siècle, des flottements propres au XIXe siècle, dans l'usage de certains concepts philosophiques, le théisme est « la doctrine qui admet l'existence d'un Dieu personnel, cause du monde » ; le sens de Déisme est « plus variable et plus péjoratif désignant la réprobation, par les orthodoxes, à l'égard de ceux qui se bornent à croire en Dieu, sans accepter les dogmes et les pratiques d'une religion déterminée »[3].

Le Dieu réintroduit dans le spiritualisme n'est pas le grand architecte de l'Univers de Voltaire. C'est le Dieu du christianisme, un Dieu personnel et créateur, mais dont il s'agit d'attester l'existence en-dehors de tout dogme et de toute révélation surnaturelle. Alors que Cousin faisait de la raison une révélation naturelle, c'est dans le sentiment que la philosophie spiritualiste cherche à attester l'existence de Dieu, balayant sans état d'âme toute la tradition philosophique des preuves de l'existence de Dieu[4]. La mise en évidence des droits du sentiment religieux n'est pas une originalité de la philosophie spiritualiste. Elle s'inscrit dans un paysage philosophique aussi vaste qu'hétérogène comprenant Rousseau, le théologien allemand Schleiermacher, le philosophe Jacobi ; elle est prise dans la vague romantique et libérale avec Mme de Staël et Benjamin Constant. Dès les premiers

1. Et lui-même, pourrait-on ajouter.

2. Sous l'impulsion d'Amédée Jacques, élève de Victor Cousin, c'est le *Traité de l'existence et des attributs de Dieu* du philosophe anglais Samuel Clarke (1675-1729) qui est au centre des discussions. Clarke appelle « déistes » toutes les conceptions philosophiques de Dieu, quelles qu'elles soient. Voir le *Traité de l'existence et des attributs de Dieu, des devoirs de la religion naturelle et de la vérité de la religion chrétienne*, tome II, chap. II (1re édition française, 1727).

3. Voir A. Lalande, « Théisme », dans *Vocabulaire technique et critique de la philosophie*, *op. cit.*, p. 1123.

4. Voir en particulier l'article « Dieu » du *Dictionnaire des Sciences philosophiques* d'Adolphe Franck, *op. cit.*, p. 390-400.

balbutiements du romantisme, il apparaît rapidement à toute une génération inquiète, en proie au scepticisme légué par les Lumières, la génération du « mal du siècle », que le sentiment intérieur est bien plus que la raison le ressort de l'action et du renouvellement d'une foi commune, en ce qu'il est le témoin privilégié et surtout immédiat de notre liberté. À travers le sentiment, c'est le principe de l'intériorité de l'homme qu'il s'agit de réhabiliter contre l'anthropologie matérialiste des philosophes du XVIIIe siècle pour laquelle l'homme n'était plus qu'extériorité[1].

Le spiritualisme philosophique va en partie capter cette source romantique, s'attachant à réintroduire Dieu dans la philosophie et la force du sentiment religieux dans la morale. Le sentiment religieux ou sentiment de l'infini permet de naturaliser la révélation de Dieu, d'en faire une manifestation naturelle et non surnaturelle ; il permet aussi d'en faire le privilège de l'homme intérieur : il suffit de « rentrer en soi-même », selon la métaphore en usage dans le spiritualisme éclectique, pour trouver Dieu au fond de son cœur ou au fond de sa conscience. Du même coup est restauré le lien électif de Dieu à sa créature et la place éminente de l'homme dans la nature, à moindres frais, si j'ose dire, les philosophes spiritualistes s'épargnant toute discussion théologique, Dieu étant accessible dans la simplicité des intuitions de la conscience et du sens commun.

Le spiritualisme procède ainsi à une captation d'héritage qui, pour être conjoncturelle, n'en contribue pas moins puissamment à la sécularisation du christianisme et de Dieu lui-même, un Dieu logé au cœur de la conscience de chacun, et que Émile Saisset, Paul Janet, Jules Simon, Elme Caro, Adolphe Franck vont s'attacher à réintroduire comme dimension intime non seulement de l'existence, mais de la coexistence humaine.

FONDATION DU SUJET MORAL ET LIEN SOCIAL

L'ouvrage d'Émile Saisset, premier traducteur de Spinoza en France, paru en 1845, est pour une large part conjoncturel : il s'agit de répondre point par point aux arguments avancés contre le panthéisme dans la

1. Problème formulé par Félix Ravaisson dans une métaphore lumineuse : « Dans le torrent des sensations, rien que des apparences où il n'y a ni « moi » ni « non moi » : surfaces, pour ainsi dire, sans dedans ni dehors… », *La philosophie en France au XIXe siècle* [1867], Fayard, « Corpus des œuvres de philosophie en langue française », Paris, 1984, chap. I, p. 66.

philosophie du clergé[1]. C'est pourquoi il s'efforce de démontrer l'intime union du sentiment religieux et du « vrai panthéisme ». Le vrai panthéisme est en effet religieux à sa source qui est à chercher dans les intuitions de la conscience et du sens commun. Celles-ci nous donnent les deux termes de la philosophie : Dieu et la nature. La tâche de la philosophie est de les traduire en « conceptions précises » en prenant appui sur la méthode psychologique,

> méthode sûre qui donne pour base à toute spéculation rationnelle l'invincible sentiment du moi, de son activité et de sa liberté, fondement de ses droits, de ses devoirs, de ses espérances immortelles[2].

C'est là le sens d'un « spiritualisme rajeuni et fécondé par l'esprit nouveau, capable de satisfaire ces nobles besoins religieux qui éclatent de toutes parts avec une si grande puissance »[3].

La question de savoir si le panthéisme peut s'accorder avec le christianisme est pour Saisset secondaire. Ce qui importe, c'est de comprendre que le panthéisme est le lieu où s'exprime la nécessaire union de la philosophie et de la religion l'une et l'autre ayant un droit égal à l'exercice du magistère moral et spirituel. C'est pourquoi, affirme Saisset dans cet ouvrage polémique, c'est le clergé qui doit changer, s'adapter aux idées modernes, accepter « l'esprit nouveau », celui de la libre discussion, de la liberté dont la philosophie est l'expression ; c'est ainsi qu'il pourra « espérer de reconquérir une influence légitime et durable ».

> Que le clergé renonce à d'inutiles regrets [...]. Qu'il devienne libéral au sein d'une société libre, philosophe à une époque où la philosophie est l'aliment nécessaire des âmes, pacifique enfin, quand tout autour de lui aime et désire la paix[4].

Dans une autre direction et dix ans plus tard, en 1856, Jules Simon défend les droits d'une religion naturelle[5]. Catholique libéral, Simon critique le panthéisme qui n'est à ses yeux que « la forme savante de l'athéisme »[6]. Ce n'est donc pas contre le panthéisme que les arguments de *La*

1. Voir E. Saisset, *Essais sur la philosophie et la religion au XIXe siècle*, Charpentier Librairie-Éditeur, Paris, 1845. L'ouvrage rassemble une série d'articles parus dans la *Revue des Deux Mondes*.

2. *Ibid.*, p. 79.

3. *Ibid.*, p. 80.

4. *Ibid.*, p. 77.

5. Voir J. Simon, *La religion naturelle*, Paris, Hachette, 1856.

6. *Ibid.*, préface, p. III.

religion naturelle seront dirigés, mais contre l'athéisme. Il n'y a d'ailleurs pas lieu d'argumenter longuement car l'existence de Dieu est une vérité première, une intuition de sens commun sensible au cœur plus qu'à la raison. La religion naturelle tiendra ainsi en trois dogmes ou trois vérités premières : l'existence de Dieu, la divine Providence, l'immortalité de l'âme. La tâche de la philosophie n'est ni de les comprendre, ni de les expliquer. Elle est de satisfaire le « besoin profond » que nous avons d'« adorer Dieu », de satisfaire ces « besoins du cœur » qui ne sont pas « moins réels, ni moins légitimes que ceux de mon intelligence »[1]. Elle est aussi de « convertir les incrédules »[2] car l'athéisme engendre une tristesse, un pessimisme, un désespoir nuisibles à la société. Aussi le but de l'ouvrage est-il « par-dessus tout », d'« inspirer à certaines âmes attristées et désolées le sentiment religieux, sans lequel il n'y aura jamais ni douce loi, ni société fraternelle, ni vertu vraiment solide »[3]. Le sentiment religieux est ainsi la clef d'une foi renouvelée, commune à tous les hommes en-dehors des Églises instituées. Une foi mise au service du lien moral et social, au service de l'amour de la patrie[4], qui nous rendra plus aimables le travail et l'accomplissement de nos devoirs, plus faciles la résignation et l'espérance. Le besoin social de religion est pour Jules Simon incontestable : « nulle société humaine ne peut se passer de Dieu », le sentiment religieux étant le plus puissant des liens sociaux.

Avec Jules Simon, la question de Dieu se déplace du terrain de la philosophie et de la question du panthéisme, vers l'athéisme et ses conséquences morales et sociales. La question de Dieu n'est pas une question spéculative, à débattre entre philosophes ; elle concerne le fondement de l'être ensemble. En ce sens la place de Dieu est réinterrogée dans la perspective d'une religion civile seule à même d'assurer un fondement à la société par l'unité de croyances qu'elle permet.

C'est, entre toutes, la préoccupation de la fondation de la liberté du sujet moral qui anime les recherches philosophiques de Paul Janet, à la fois dans sa critique du panthéisme et dans celle du positivisme et de l'athéisme. Le panthéisme est à ses yeux inconciliable avec la liberté de la personne humaine car « sans personnalité, point de liberté et comment

1. *Ibid.*, 4e partie, p. 367.

2. *Ibid.*, p. 33.

3. *Ibid.*, préface, p. IV.

4. « … Pour réaliser l'unité morale, il faut que le nom de la patrie réveille les idées religieuses, que chaque citoyen se croie attaché à elle par une volonté divine », *ibid.*, quatrième partie, p. 377.

conserver la personnalité dans une substance où tout s'engloutit ? »[1]. Le panthéisme sacrifie la liberté de l'individu tout autant que le positivisme. Loin de voir dans les idées positivistes un progrès, Janet voit dans les doctrines d'un Taine ou d'un Littré le retour du matérialisme des Lumières et c'est en cela que le positivisme est inacceptable : incapable de se limiter à une philosophie des sciences, il prétend être la philosophie tout entière[2]. Or, et c'est là le point de vue que défend Janet, l'intériorité de l'homme, sa subjectivité, les lois de son intelligence, son âme, sa conscience sont inexplicables par les lois de la science positive. Celle-ci ne s'applique qu'au monde objectif, à l'extériorité. Il y donc place, à côté des sciences objectives, pour le spiritualisme philosophique, c'est-à-dire pour une métaphysique prenant appui sur une psychologie, sinon l'homme serait réduit à un « mécanisme brutal ». « … Dans la voie ouverte par Descartes, la philosophie doit donc continuer à chercher dans la conscience la vraie notion de l'esprit » qui seule permet de sauver « la liberté, l'individualité, la personnalité morale », et qui est seule susceptible de « fonder le devoir, le droit, la liberté civile et politique », seule apte à recueillir « dans la raison humaine l'idée de l'infini et de l'absolu, qu'on ne trouvera jamais dans le monde extérieur »[3].

On ne peut ainsi se passer si aisément de la conscience, de Dieu, de l'infini, car alors c'est la liberté humaine elle-même qu'on sacrifie. C'est

1. Voir P. Janet, *Victor Cousin et son oeuvre*, *op. cit.*, Appendice, p. 477.

2. Cette critique du positivisme est un lieu commun de la philosophie spiritualiste : le positivisme est respectable comme philosophie des sciences, mais sa propension à s'ériger en philosophie totale traitant également de la morale, de la métaphysique et de la religion est inacceptable. Dans des termes nettement moins philosophiques, Elme Caro exécute cet aspect de la doctrine dans ses *Etudes morales sur le temps présent* : à ses yeux M. Comte (*sic*) est « un pape humanitaire [qui] s'arroge sur sa petite église une suprématie inimaginable. » Voir E. Caro, *Études morales sur le temps présent*, Paris, Hachette, 1887, p. 71. L'« esprit général » qui anime le positivisme est résumé comme suit : « tentative puissante pour coordonner toutes les sciences en un vaste système, égal à la réalité des choses ; mépris systématique pour tous les procédés de démonstration qui ne sont pas rigoureusement calqués sur l'expérimentation des sciences physiques ou sur la méthode des sciences exactes ; réduction sévère de toutes les questions que peut agiter l'esprit aux simples questions de fait, seules accessibles au savoir humain ; intolérance complète à l'égard de la religion, qui impose une foi aveugle, comme à l'égard de la métaphysique, qui joint aux mêmes aveuglements une hypocrisie de plus, l'hypocrisie de la démonstration ; négation acharnée de tout ce qui dépasse la mesure du contingent et du relatif ; scepticisme systématique à l'égard de l'absolu, de l'infini, des substances, des causes », *ibid.*, p. 85.

3. Voir P. Janet, *La crise philosophique et les idées spiritualistes. MM. Taine, Renan, Littré, Vacherot*, Paris, Germer-Baillière, 1865, p. 107.

pourquoi Janet voit dans les ouvrages de Saisset et de Simon des recherches qui ont montré la voie. Mais c'est l'ouvrage d'Elme Caro, *L'idée de Dieu et ses nouveaux critiques*[1], paru en 1864 qui, à ses yeux, exprime le mieux les nouvelles idées. Caro a été l'élève de Jules Simon et d'Émile Saisset à l'École Normale. Il cherche à produire une « définition spiritualiste » de Dieu, c'est-à-dire qui fournisse à la fois un principe explicatif du monde, de la nature, de l'esprit, mais qui satisfasse en même temps « les grands instincts de la conscience humaine ». Dieu n'est ni un idéal, ni une abstraction métaphysique, il est avant tout un instinct de la conscience et c'est ce qui fait de lui une « réalité vivante » accessible à la conscience par le sentiment. La conception spiritualiste de Dieu se propose de faire droit au sentiment, à « ces élans irrésistibles de l'âme qui sont les grands moments de la vie psychologique », à « ces ravissements de l'âme sollicitée par l'infini » et qui sont « des faits bien réels, profondément humains »[2]. Aucune autre philosophie n'est susceptible de faire droit aux instincts religieux de la conscience par lesquels nous sentons que Dieu est source de vie. C'est pourquoi elle est *vraie*, pense Caro. Ce qui est vrai de Dieu l'est également de la liberté. Les conséquences fatalistes du positivisme ont pour effet de supprimer « ce qu'il y a de plus précieux et de plus sacré dans l'homme, ce qui est en lui véritablement humain, la liberté »[3]. Mais c'est aussi le « sentiment de la vie » qui est sacrifié « dans ce qu'elle a de plus ingénu et de plus libre, de plus délicat et de plus varié, dans l'épanouissement le plus original de l'individualité humaine, de la personne qui est une conquête sur les fatalités de la race, du climat, du milieu »[4]. Deux mots résument toute vraie philosophie : Dieu et la liberté. La tâche de la philosophie est autre que de « poursuivre des équations. Elle a essentiellement à connaître de l'homme et de Dieu, de l'homme dans toutes ses puissances intellectuelles et morales, de Dieu dans sa réalité vivante »[5].

Dieu et la nature, Dieu et la société, Dieu et la conscience, Dieu et la liberté, la dynamique spiritualiste procède d'une intériorisation de Dieu, donnée immédiate de la conscience. Elle permet ainsi de renouveler la pensée de l'homme, mais d'un homme libre, un homme non assujetti aux dogmes, un sujet moral pour qui Dieu n'est précisément plus le lointain, l'autre, mais une dimension de l'homme intérieur, une révélation de la

1. Voir E. Caro, *L'idée de Dieu et ses nouveaux critiques*, Paris, Hachette, 1864.
2. *Ibid.*, p. 477.
3. *Ibid.*, p. 251.
4. *Ibid.*
5. *Ibid.*, p. 477.

conscience. Dans le domaine de la morale, le réinvestissement de Dieu et la valorisation du sentiment se traduiront par un déplacement de l'ordre de la transcendance : le divin ne sera plus transcendance extérieure, mais transcendance intérieure permettant d'introduire dans la compréhension de l'homme un dualisme inédit entre sa part divine et sa part sensible. Ce dualisme réconcilie l'homme avec lui-même, loin de le diviser, et est la condition d'une liberté comprise comme appartenance à soi-même.

Les voies d'une « moralité de l'esprit » : s'appartenir à soi-même

C'est sans conteste Paul Janet qui a tiré les conséquences morales les plus profondes de cette dynamique religieuse interne au spiritualisme. L'ensemble de son œuvre qui justifierait à elle seule une monographie, est consacré à explorer les voies d'une moralité plus profonde que ne le permet la morale du devoir et qui passe précisément par le sacrifice de l'intérêt personnel, autrement dit le dévouement.

Son ouvrage *La Morale*, paru en 1874, livre la synthèse de ses conceptions qui s'inscrivent dans les pas de l'éclectisme tout en les dépassant et en les approfondissant[1]. Kant est plus que jamais au centre des discussions : Janet le critique sur deux points : celui du dévouement et celui des conséquences subjectivistes de son système. Si Kant a su fonder une morale du devoir, il n'a pas su fonder une morale du dévouement. Or, la question du dévouement est cruciale. La liberté de la personne humaine étant posée comme sacrée, la question de son sacrifice se pose : dans un dispositif qui interdit le sacrifice de la liberté à la liberté d'un autre, et pour lequel l'esclavage, l'assujettissement ne peuvent pas être moraux, c'est-à-dire volontaires, le dévouement, c'est-à-dire le sacrifice ultime de sa liberté, se pose comme problème moral. Quant à l'autonomie du sujet, il s'agit de la fonder dans l'obéissance au devoir en évitant les conséquences subjectivistes et relativistes d'une telle conception. Il s'agit à proprement parler de fonder l'autonomie du sujet, c'est-à-dire d'en chercher un point d'appui immuable, absolu. Cet absolu ne peut pas se confondre avec l'hétéronomie du décret divin, comme dans la doctrine théologique, car alors, c'en serait fait de l'autonomie ; mais il ne peut pas plus se confondre avec la loi que le sujet se donne à lui-même, comme dans la philosophie de Kant, car la loi alors se ramènerait à une règle purement subjective et tout autant arbitraire et tyrannique. Entre une transcendance extérieure et hétéronome et une immanence de la raison individuelle, immanence qui la

1. Voir P. Janet, *La Morale*, Paris, Delagrave, 1874.

condamne à l'errance et finalement à l'absence de loi, Janet trouve le fondement de l'autonomie individuelle dans une transcendance intérieure. L'ensemble de la démonstration repose sur un dualisme de l'homme intérieur et de l'homme extérieur. L'absolu est à chercher à l'intérieur de l'homme, dans ce que Janet appelle âme ou esprit, dans ce qu'il considère comme l'excellence idéale de la personne humaine. Dans cet homme intérieur réside le Bien absolu autrement appelé perfection. La liberté humaine consiste à réaliser cette perfection par laquelle l'homme réalise son humanité en même temps qu'il se rattache aux autres hommes. Ce dualisme entre l'homme intérieur et l'homme extérieur commande tous les autres : entre la chair et l'esprit, l'individu et la personne, l'individuel et l'impersonnel, l'homme réel et l'homme idéal. Ainsi l'humanité participe de l'absolu : « il y a dans l'homme individuel, dans l'homme réel, un homme idéal, un homme vrai, l'humanité en soi. [...] Cela même, c'est l'idée de la morale »[1].

Ce privilège conféré à l'homme intérieur conduit Janet à une conception de l'autonomie par laquelle l'obéissance volontaire à la loi devient la conséquence de la reconnaissance en nous de cette partie de nous qui ne nous appartient pas, qui est l'absolu, la perfection, l'idéal. L'autonomie, c'est-à-dire la capacité à s'appartenir pleinement à soi-même passe ainsi par la reconnaissance de ce qui, en nous, ne nous appartient pas. Cet idéal est très clairement formulé par Janet : « l'homme ne s'appartient pas à lui-même comme une chose à son maître, [...] il y a en lui quelque chose qui n'est pas lui, et dont il ne peut disposer comme d'un bien propre, à savoir l'humanité, l'essence humaine, l'homme en soi »[2]. De cette conception est issue une division des devoirs envers soi-même, envers les autres et envers Dieu. Les devoirs envers soi-même sont les devoirs envers cette partie de nous mêmes qui n'est pas individuelle, celle qui fait notre dignité et notre personnalité, à savoir la raison, la liberté, la conscience de soi. Les devoirs envers les autres concourent à l'excellence de la personnalité car celle-ci consiste aussi dans l'union avec la personnalité des autres hommes, c'est-à-dire dans la fraternité. Les devoirs envers Dieu enfin concourent à l'excellence de la personnalité car il est principe suprême de dignité et d'excellence. La vie morale ne serait pas complète sans la vie religieuse, d'autant que la religion pour Janet s'enracine dans la nature de l'homme. L'excellence de la personnalité consiste aussi dans le dévouement à des biens impersonnels tels que le vrai, le beau et le saint.

1. *Ibid.*, chap. v, p. 132.
2. *Ibid.*, p. 296.

Dévouement et autonomie du sujet s'enracinent dans une transcendance intérieure par laquelle l'individu s'appartient d'autant mieux à lui-même qu'il sait reconnaître en lui la part divine. On peut voir dans cette conception l'effet d'un approfondissement de la dynamique de sécularisation de la religion et de Dieu par laquelle l'une et l'autre ont été intériorisés au point d'être constitutifs de la nature humaine. L'idée morale et la moralité de l'esprit qu'elle permet sont ainsi plus profondes que les commandements extérieurs des religions positives puisque l'impératif moral commande absolument à l'homme, mais de l'intérieur, du plus profond d'une nature pensée comme intimement religieuse au sens où elle porte l'empreinte de Dieu.

L'ouvrage de Paul Janet synthétise les grandes options morales, métaphysiques et religieuses de ce second éclectisme plus ou moins en dissidence avec le cousinisme : le projet de fondation de la liberté morale dans un rapport à Dieu et à la religion renouvelé, la restauration d'un dualisme de la nature humaine, le primat de l'intériorité c'est-à-dire des facultés supérieures de l'homme (raison, conscience, volonté) sur l'extériorité (les sens), la critique du matérialisme et des morales de l'intérêt au profit d'une élaboration philosophique du dévouement, l'idéal moral de perfectionnement de soi, la dignité de l'homme et sa place élective dans l'ordre de la nature, la division des devoirs en « devoirs envers soi-même », « devoirs envers ses semblables » et « devoirs envers Dieu ». Issue de Kant[1], cette division des devoirs est conservée dans la philosophie spiritualiste qui fait de la religion le « couronnement » de la morale et non son fondement.

Cette même métaphore sera reprise en 1882, dans les premiers programmes de l'éducation morale scolaire comprise comme une morale

1. Voir la dernière partie des *Réflexions sur l'éducation* [1803], *De l'éducation pratique*, Paris, Vrin, 1966, trad. A. Philonenko. À l'article « Devoir » de la deuxième édition du *Dictionnaire des sciences philosophiques*, Paul Janet affirme que la classification des devoirs (envers soi-même, envers les autres et envers Dieu) se trouve dans Grotius, Pufendorf, Cumberland et Malebranche, tout en estimant qu'elle a « vraisemblablement son origine dans cette partie de l'Evangile : « Aime Dieu par-dessus toute chose et ton prochain comme toi-même ». Mais il reconnaît ne pas « savoir exactement à quelle époque elle s'est introduite dans l'enseignement de l'Ethique ». C'est à Kant, toutefois, que l'on doit la théorie « moderne » du devoir qu'il a constituée, pense Janet, « sur ses bases définitives ». En rassemblant les principes du devoir selon Kant, on note que Janet à son tour en fait un philosophe de l'intériorité : « la loi elle-même ayant son principe dans l'intériorité même, et dans l'essence de l'être moral, et ne pouvant jamais résulter d'une force ou puissance extérieure, qui ne serait pas autorisée et confirmée par le *dictamen* de la conscience… ». Voir P. Janet, article « Devoir », *Dictionnaire des Sciences philosophiques*, *op. cit.*, 2e éd., 1874, p. 384-386.

du devoir et du dévouement comprenant des « devoirs envers soi-même », des « devoirs envers les autres », et des « devoirs envers Dieu ». Les premiers programmes de la morale enseignée à l'école primaire s'inspirent ainsi directement des principes de la philosophie morale spiritualiste en gestation depuis plus de cinquante ans. Cette morale n'est pas simplement le résultat d'une laïcisation de la morale chrétienne. En réalité, les programmes de l'école primaire prennent appui sur une morale générale qui emprunte tous ses principes à la philosophie et pour laquelle le fondement de la morale est à chercher dans la conscience de l'homme et non dans la volonté de Dieu. En ce sens, le spiritualisme philosophique est bien à l'origine de la première formulation d'une « morale indépendante », bien avant que l'expression et la chose elle-même ne soient popularisées grâce à l'influence positiviste et franc-maçonne dans les années 1870[1].

Au moment de la révolution scolaire, à la fin du XIXe siècle, toutefois, un nouveau chantier s'ouvre pour les philosophes de la République : adapter les principes de la philosophie morale générale aux exigences de l'éducation du peuple à tous les niveaux d'enseignement : Écoles Normales Supérieures de Fontenay-aux-Roses et Saint-Cloud, Écoles Normales d'instituteurs et d'institutrices, écoles élémentaires. Dans le même temps, les enjeux de l'éducation morale scolaire destinée à l'enfance populaire vont projeter au-devant de la scène politique et pédagogique des experts de l'éducation et de la pédagogie, issus du protestantisme, Ferdinand Buisson et Félix Pécaut, notamment. C'est dans ce creuset libéral et religieux que le spiritualisme développe des voies inédites, dans un compagnonnage avec la philosophie spiritualiste, mais aussi dans ses marges.

1. Voir *infra*, chap. III. C'est bien ce qu'affirme Paul Janet, dans la biographie qu'il consacre à Cousin, et ce qu'il met à son crédit.

CHAPITRE III
ÉDUCATION MORALE

D'UNE PHILOSOPHIE DE L'ÉDUCATION À UNE PHILOSOPHIE POUR L'ÉDUCATION

Le spiritualisme philosophique engage une conception particulière du rôle de la philosophie dans les questions relatives à la morale et à l'éducation. Dans la philosophie spiritualiste, en effet, la morale s'édifie comme projet de fondation du sujet moral passant par l'impératif de s'appartenir à soi-même ; mais ce projet est enveloppé dans la philosophie elle-même comprise comme perfectionnement des facultés. Celui-ci, à son tour, compte tenu de la hiérarchisation des facultés, de la subordination de l'inférieur au supérieur, ne peut être compris que comme une éducation de soi se déclinant en une éducation intellectuelle et en une éducation morale. Cette redéfinition de l'activité philosophique solidarise ainsi le principe de la philosophie et l'idée même d'éducation. L'éducation n'est en effet pas une « région » de la philosophie, un de ses domaines d'application parmi d'autres ; elle se confond avec la pratique de la philosophie elle-même. Ce n'est ainsi pas seulement, comme on l'a souvent écrit, parce qu'il est une formation de compromis entre l'Ancien et le Nouveau régime scolaire que le spiritualisme a été conduit à jouer un rôle de premier plan dans la conception et la mise en œuvre des programmes rénovés de l'école primaire à partir des années 1880, c'est aussi parce qu'il s'est pensé, avant tout, comme une philosophie *de* l'éducation. En témoigne l'article Éducation du *Dictionnaire des sciences philosophiques*, soulignant la nouveauté de cette « éducation philosophique » dont l'objet est le « développement graduel et légitime des facultés » fondé sur « la connaissance de la vraie nature de l'homme »[1]. Ainsi sont définis les contours d'une *philosophie de l'éducation* considérée, avec la politique, comme la plus haute application de la philosophie[2]. Paru en 1852[3], le *Dictionnaire* témoigne du saisissement des questions éducatives dans l'éclectisme, « l'éducation philosophique » se confondant ici avec le projet d'une éducation modernisée en rupture avec l'« éducation factice et intéressée » dont le but est de « *dresser* l'enfance, de la façonner »[4].

À la fin du XIXe siècle, l'éclectisme spiritualiste semble ainsi une philosophie structurellement prédisposée à la rénovation des principes et des fins de l'éducation et tout particulièrement de l'éducation morale, la philosophie de l'éducation à la manière éclectique étant inséparable de l'étude approfondie de la psychologie et de la morale.

Son usage et sa généralisation à des fins d'éducation populaire, néanmoins, posent la question de son acclimatation à l'enseignement primaire : traditionnellement réservée à l'enseignement secondaire classique masculin, la philosophie fait son entrée en 1881 dans les programmes des Écoles normales sous le nom de « psychologie appliquée à l'éducation et à la morale ». Les programmes des Écoles normales sont ainsi amputés des divisions du programme de philosophie du secondaire classique relatives à la Métaphysique (Métaphysique et théodicée) et à la Logique[5]. Ils sont en revanche identiques aux enseignements de psychologie et de morale théorique et pratique introduits dans le secondaire féminin nouvellement créé[6] et amputé des matières « nobles » réservées au secondaire masculin : le latin, le grec et la philosophie[7]. Paul Janet et Henri Marion

1. L'article est signé d'un ancien inspecteur d'Académie, Joseph Wilm, auteur d'un *Essai sur l'éducation du peuple ou sur les moyens d'améliorer les écoles primaires et le sort des instituteurs*, Paris, Berger-Levrault, 1843. Voir A. Franck (dir.), *Dictionnaire des Sciences philosophiques*, *op. cit.*, p. 428-432, citation p. 428.

2. L'expression de *philosophie de l'éducation* est en italiques dans le texte, *ibid.*, p. 429.

3. Année de parution du dernier tome, le tome VI.

4. *Ibid.*, p. 428.

5. Voir le programme de l'enseignement secondaire classique dans les lycées et collèges. Classe de philosophie. 1880, dans B. Poucet, *Enseigner la philosophie. Histoire d'une discipline scolaire. 1860-1990*, Paris, CNRS Éditions, 1999, annexe 3, p. 371-373.

6. Par la loi Camille Sée du 21 décembre 1880.

7. Camille Sée, créateur du secondaire féminin, était favorable à un enseignement de la philosophie pour les filles. Voir F. Mayeur, *L'enseignement secondaire des jeunes filles sous la Troisième République*, Paris, Presses de la Fondation nationale des Sciences politiques, 1977.

sont les concepteurs des programmes de psychologie et de morale des Écoles normales : tous deux siègent au Conseil supérieur de l'Instruction publique où ils ont également largement pesé dans l'orientation des programmes du secondaire féminin. Janet a été rapporteur au Conseil supérieur du programme du cours de morale dans les Écoles normales le 22 janvier 1881 et du plan d'instruction morale dans les écoles primaires le 21 juin 1882. L'introduction de notions de psychologie en partie empruntées au programme de la classe de philosophie du secondaire classique constitue une nouveauté qu'il convient de justifier : l'absence de la métaphysique, la finalité traditionnellement pratique de l'enseignement primaire[1], les exigences de la pédagogie propres à cet ordre d'enseignement sont autant de bornes qui délimitent le périmètre de ce nouvel enseignement.

La psychologie appliquée à l'éducation et à la morale : quelle philosophie pour l'École normale ?

L'introduction de notions de philosophie dans la formation des maîtres s'inscrit indéniablement dans une volonté d'élévation culturelle des instituteurs et des institutrices, et même, pour certains, dans la perspective d'un enseignement démocratisé, qui déplace quelque peu la frontière entre les ordres d'enseignement du secondaire et du primaire[2]. Dans la leçon introductive de son Cours de Science de l'éducation à la Sorbonne, nouvellement créé en 1883, Henri Marion se félicite de l'introduction de la philosophie dans la formation des maîtres, soulignant que

1. Depuis la loi Guizot de 1833.

2. C'est le point de vue défendu notamment par Benjamin Buisson, frère de Ferdinand, en 1883 : « Tous les éducateurs de tous les degrés doivent plus ou moins philosopher », affirme Benjamin Buisson, en se félicitant de la création de cours de Science de l'éducation dans les facultés de Lettres. « Et l'on ne saurait trop se féliciter d'une innovation qui tend à faire tomber ces barrières un peu artificielles qui séparent l'instruction primaire et l'instruction secondaire, et à rapprocher les divers membres du corps enseignant en rehaussant la dignité de ceux qui se consacrent à la tâche la plus humble [...]. En cet âge démocratique où la fusion des classes sociales peut surtout s'accomplir, non par un nivellement artificiel, mais par une élévation progressive du niveau de l'instruction, il ne faut pas craindre, il faut plutôt souhaiter que nos instituteurs primaires soient appelés au pied d'une chaire de l'enseignement supérieur... » Voir P. Kahn, *L'instituteur et le philosophe. Essai sur la constitution et le sens du discours pédagogique de l'école républicaine. 1878-1914*, Mémoire d'Habilitation à diriger des recherches, Université de Paris V, 2004, chap. 2.

> jamais plus grand acte de foi ne fut fait en la philosophie, que le jour où elle fut ainsi mise en demeure d'aider à poser, dans ce pays, les bases d'une culture rationnelle pour l'universalité du peuple[1].

Mais dans le même temps, cette ambition est contredite par l'inscription de la formation des maîtres dans la tradition toute pratique de l'enseignement primaire destiné aux «usages de la vie», ce que Jules Ferry ne manque pas de rappeler dans sa lettre aux instituteurs sur l'enseignement de la morale: l'instituteur n'est ni un théologien, ni un métaphysicien ; qu'il s'enferme dans l'humble et sûre région de la morale usuelle, qu'il forme des habitudes toute pratiques, c'est là tout ce que l'État et le législateur attendent de lui[2].

Les cours que Janet, Marion et Compayré ont consacré à la psychologie appliquée à l'éducation traduisent cette double exigence: élever le niveau culturel des enseignants du primaire tout en inscrivant leurs enseignements dans une finalité professionnelle et pratique[3]. La question de l'absence de la métaphysique apparaît dans ce cadre comme décisive: de toutes les parties du programme de philosophie des lycées, la métaphysique est en effet la plus abstraite, la plus difficile d'accès, celle qui requiert une culture et des habitudes de réflexion qui jusqu'alors étaient réservées à l'élite masculine. Mais en même temps, comment un cours de psychologie spiritualiste peut-il faire silence sur les questions de métaphysique ? C'est en effet la psychologie, c'est-à-dire la méthode d'observation intérieure des faits de conscience qui conduit au double constat de l'existence de facultés supérieures dans l'homme et au fait de sa liberté, signes de sa dignité, de sa place éminente dans l'ordre de la nature, de son appartenance à l'ordre moral qui le distingue des autres animaux. Cet ordre de faits qui ne relève pas du physiologique pousse à considérer les faits psychologiques comme relevant d'une causalité supérieure, excédant la matière, posant ainsi la question de la nature et de l'origine de l'âme, du dualisme du corps et de l'âme, du rapport du principe spirituel au principe matériel. Une fois le

1. Voir H. Marion, «Cours sur la science de l'éducation. Leçon d'ouverture», *Revue internationale de l'enseignement*, 15 décembre 1883.

2. Voir la lettre-circulaire de Jules Ferry aux instituteurs du 17 novembre 1883, dans P. Robiquet, *Discours et opinions de Jules Ferry*, Paris, Armand Colin et Cie, 1896, t. IV, p. 259-264.

3. Marion a été chargé du premier cours de psychologie appliquée à l'éducation à l'ENS de Fontenay-aux-Roses en 1880 où Compayré est chargé du cours de pédagogie. Titulaire de la chaire de philosophie de la faculté des Lettres de Toulouse en 1876, Compayré a choisi de faire porter ses enseignements sur la psychologie de l'enfant et l'histoire des doctrines pédagogiques. Janet dispense des conférences aux ENS de Fontenay et Saint-Cloud.

principe spirituel posé, comment ne conduirait-il pas à la question de l'immortalité de l'âme et à celle de Dieu ?

En somme, l'éviction de la métaphysique ne serait-elle que de principe ? De fait, la dernière leçon de psychologie du *Cours de morale*[1] de Paul Janet se clôt par un chapitre sur l'esprit et le corps, affirmant le dualisme de la nature humaine, la supériorité de l'âme sur le corps, assignant le propre de l'homme à la possession d'une âme[2]. Les aspirations supérieures au vrai, au beau, au bien et à Dieu font la dignité de l'homme et sa supériorité. De tous les sentiments, le sentiment religieux est le plus élevé. Le cours de Janet n'est pas une profession de foi en faveur du spiritualisme ; c'est un cours de philosophie, dans la tradition cousinienne[3], qui montre comment la morale est issue de la psychologie et de quelle manière elle se rattache nécessairement à une théodicée. Une partie des leçons de morale est consacrée aux preuves philosophiques de l'existence de Dieu. L'ensemble du cours a une tonalité aride et sévère suggérant à la fois la gravité et l'importance du sujet, et sa difficulté. Bien que dans l'introduction, Janet tente de faire le lien entre le cours de psychologie et de morale et la méthode intuitive, alors à l'honneur dans l'enseignement primaire, cette question n'est pas traitée pour elle-même dans le cours qui porte toutes les marques d'un cours de philosophie classique, Janet n'hésitant pas à entrer dans des subtilités philosophiques[4]. Le but du cours n'est cependant pas d'exercer les normaliens à ces subtilités ; fidèle au rapport qu'il avait fait au Conseil supérieur de l'instruction publique en 1881, Janet souligne que le plus important est d'éveiller au sentiment religieux. En philosophe conséquent, il pense atteindre ce but par les voies de la philosophie, et non par celles de l'édification ou de la pédagogie ; le spiritualisme est affirmé et défini dans l'introduction comme tenant dans le principe de « l'homme intérieur ».

1. P. Janet, *Cours de morale à l'usage des écoles normales primaires,* 1re année, Psychologie et morale théorique, Paris, Librairie Charles Delagrave, 1881. Janet est aussi l'auteur d'un Cours de morale destiné aux Écoles normales d'institutrices dont le contenu théorique est rigoureusement identique au premier. Voir P. Janet, *Cours de morale à l'usage des écoles normales primaires d'institutrices,* 1re et 2e année, Psychologie et morale théorique, Paris, Librairie Charles Delagrave, 1882; *Cours de morale à l'usage des écoles normales primaires d'institutrices*, 3e année, Morale pratique – Applications, Paris, Librairie Charles Delagrave, 1883.

2. *Cours de morale à l'usage des écoles normales primaires, op. cit.*, Leçon XVIII.

3. Cousin est cité deux fois, notamment dans les chapitres les plus importants touchant les aspirations supérieures.

4. Par exemple, dans la leçon XVII sur l'habitude.

Les *Leçons de psychologie appliquée à l'éducation*[1] de Henri Marion se présentent de la même manière comme un cours complet de philosophie. Destinées aux élèves de l'ENS de Fontenay, elles s'adressent à l'élite du primaire, contrairement aux leçons de Janet ; mais elles s'adressent à l'élite des filles, supposées doublement éloignées de la philosophie, par leur sexe et par leur appartenance à l'ordre d'enseignement du primaire. Or, Marion s'adresse indifféremment aux deux sexes, soulignant que le cours de psychologie et de morale à l'École normale, permet de « compléter par des études philosophiques élémentaires, mais de bon aloi, la culture générale des instituteurs »[2]. La psychologie, comme science de l'esprit, est d'emblée présentée comme étroitement associée à la logique qui étudie les lois de la pensée et comme ouvrant aux questions métaphysiques relatives à la nature de l'âme, au dualisme du corps et de l'esprit, à l'immortalité de l'âme et à Dieu. La dernière des leçons est consacrée à ces questions. Il importe à Marion de démontrer l'existence de l'esprit comme réalité distincte et parallèle à l'ordre des phénomènes physiologiques, mais aussi prédominante. Ce qui le conduit à poser en philosophe les questions de l'immortalité de l'âme et de la vie future, apportant à l'appui de ces croyances des preuves logiques, métaphysiques, psychologiques et morales[3]. Toute la dignité de l'homme tient dans ses aspirations les plus élevées qui sont aussi les plus désintéressées, le vrai, le beau, le bien et le sentiment religieux. Marion fait ainsi l'éloge du savoir désintéressé « qu'il faut avoir soi-même et inspirer aux autres dès l'enfance »[4]. L'éducation se définissant comme perfectionnement indéfini des facultés, il plaide aussi pour une éducation tout au long de la vie afin d'éviter « la routine et la fatalité des habitudes »[5].

Ce que Marion transmet à son auditoire féminin dans ses Cours de psychologie, c'est donc l'idée que les plus hautes aspirations intellectuelles et morales sont la destinée de l'homme, la philosophie en étant le moyen. Rien dans les *Leçons de psychologie* ne suggère la nécessité d'une acclimatation de la psychologie à l'enseignement primaire. En revanche, la teneur des propos change lorsqu'il est question de la philosophie, de la psychologie et de la morale à l'École normale et à l'école primaire. Ainsi,

1. H. Marion, *Leçons de psychologie appliquée à l'éducation*, Paris, Librairie classique Armand Colin, 1882.

2. *Ibid.*, p. 6.

3. *Ibid.*, leçon 46 : Spiritualité et immortalité de la personne.

4. *Ibid.*, 1re leçon, p. 18.

5. *Ibid.*, p. 14.

l'article « Philosophie » du *Dictionnaire de pédagogie et d'instruction primaire* marque un net scepticisme à l'égard de l'entrée de notions de philosophie dans les programmes des Écoles normales, affirmant qu'on ne peut pas « trop demander » aux instituteurs :

> À défaut d'études raffinées, exigeant de longs loisirs, au moins a-t-on voulu détacher des programmes de l'enseignement secondaire ce qui a paru le plus assimilable aux instituteurs, le plus propre à aiguiser et à élever leur esprit[1].

Même son de cloche à l'article « Psychologie » où Marion explique que s'il est souhaitable, qu'à tous les degrés, les maîtres de la jeunesse reçoivent une « sérieuse culture philosophique », il est « chimérique » de vouloir que cette culture soit la même pour le professeur de faculté et pour l'instituteur[2]. Ce n'est pas en tant que savoirs philosophiques que la psychologie et la morale ont été introduites dans les Écoles normales, mais en raison de leur rapport étroit avec ce qu'il appelle la « pédagogie pratique ». S'agissant des questions métaphysiques relatives à l'origine et à la nature de l'âme ou au sens de la vie humaine, Marion affirme que seule la religion détient les réponses à ces questions, la philosophie ne faisant que les « agiter », exercice inutile pour les instituteurs. C'est ainsi que, limitée à la « psychologie expérimentale », dont l'objet est l'observation et le classement des faits de conscience, la psychologie a sa place dans la formation des maîtres. Encore faut-il prendre en considération la nature plus « saine » que « souple » de l'intelligence des élèves-maîtres qui fait porter l'essentiel de la difficulté de l'enseignement de psychologie sur des questions de méthode et de pédagogie : ainsi Marion préconise-t-il de ne pas abuser de la méthode socratique, fleuron de l'enseignement de la philosophie, pour privilégier de prendre appui sur un livre afin de favoriser des exercices techniques de rédaction, de synthèse et de mémorisation. L'objet proprement dit du cours consiste dans une initiation à l'observation des phénomènes intérieurs, des faits de conscience, ce dont les élèves-maîtres, plus proches des phénomènes physiologiques et des sensations, n'ont aucune habitude. Le but de cette initiation n'est de toute façon pas la connaissance de soi ; elle vise à apprendre aux futurs enseignants à observer leurs élèves afin d'en étudier le caractère : mieux connaître les élèves, leurs sentiments, est en effet le « seul moyen d'agir sur leur développement de manière vraiment

1. Art. cit., p. 2367.
2. Voir l'article « Psychologie » du *Dictionnaire de pédagogie et d'instruction primaire*, *op. cit.*, 1re partie, p. 2482-2486.

méthodique »[1]. Le but de l'action éducative est principalement l'acquisition de bonnes habitudes physiques, intellectuelles et morales, « point central de la psychologie appliquée à l'éducation ». Cet enseignement ne vise donc pas à apprendre à mieux connaître sa nature pour s'élever jusqu'aux questions métaphysiques, mais il est d'apprendre à bien se conduire, *a fortiori* si les bonnes habitudes ne sont pas acquises dans la famille. En la matière, Marion ne préconise toutefois aucune forme de dressage. Fidèle à la méthode de la psychologie éclectique, il préconise d'apprendre à l'élève-maître ainsi qu'à l'élève de l'école primaire à « rentrer en eux-mêmes », en vue d'acquérir des habitudes d'observation intérieure leur permettant de se corriger et de se gouverner. Ainsi la méthode d'enseignement de la psychologie est-elle sensiblement la même pour l'élève-maître et pour l'élève de l'école primaire. De l'un à l'autre, estime Marion, il n'y a qu'une différence d'âge. Maîtres et élèves du primaire sont rassemblés dans la catégorie des « gens du peuple », selon la formule qu'il utilise dans ses *Leçons de morale*[2], suite logique du cours de psychologie appliquée à l'éducation. Ses *Leçons de morale* s'adressent autant aux élèves de la classe de philosophie dont le programme a été rénové en 1880 qu'aux élèves de l'ENS de Fontenay-aux-Roses, futures directrices d'Écoles normales de filles[3]. Néanmoins, la dernière leçon distingue fermement la méthode d'enseignement de la morale selon qu'elle fait l'objet d'un cours de philosophie ou d'une leçon à l'école primaire et à l'École normale. À ce niveau d'enseignement, la méthode doit différer « absolument ». Il ne s'agit plus d'enseigner, mais d'« inculquer ». Et c'est ici que la formation des habitudes prend toute sa mesure : elle ne concerne en effet pas seulement l'élève de l'école primaire, mais aussi l'élève-maître qu'il faut débarrasser de ses mauvaises habitudes, de la même manière que l'enfant. Étrangers aux impressions et aux émotions morales les plus élevées, l'un et l'autre sont compris dans une morale de classe dont le ressort éducatif, l'habitude, apparente la méthode d'éducation à un dressage : « Éducation essentiellement routinière et par cela même d'ordre inférieur, même quand la routine est de bon aloi et accompagnée d'excellents sentiments »[4]. Les plus hautes aspirations morales ne semblent ainsi pas avoir leur place à ce niveau de l'enseignement primaire.

1. *Ibid.*, p. 2484.
2. H. Marion, *Leçons de morale*, Paris, Armand Colin, 1882.
3. C'est ce qui est précisé dans la préface de l'ouvrage.
4. *Ibid.*, p. 391.

Avec les élèves-maîtres et les élèves de l'école primaire, la psychologie appliquée à l'éducation trouve sa finalité utilitaire et pratique.

Toute autre est la tonalité du cours de Gabriel Compayré[1]. Plus spécialement centré sur la psychologie de l'enfant, Compayré fait bien la différence entre l'enfant et les adolescents que sont les normaliens. Ainsi estime-t-il que les élèves-maîtres, déjà exercés au travail intellectuel, sont capables de recevoir un enseignement de psychologie comprise comme « science de l'esprit ». Si la métaphysique n'a pas sa place dans le programme des études des Écoles normales, ce n'est pas qu'elle est hors de portée des normaliens ; mais c'est que la psychologie comprise comme psychologie expérimentale limitée à l'observation et à l'expérience, est une science qui se *tient debout toute seule*, pourrait-on dire, paraphrasant Jules Ferry parlant de la morale[2]. « Aussi solide, aussi précise que la physique ou la chimie »[3], elle se distingue de la psychologie rationnelle qui, dans le traitement de la question métaphysique de la spiritualité de l'âme, demeure dans le « vague » et « l'incertain ». Ainsi Compayré est-il très critique à l'égard de la notion d'« âme » : qu'elle soit conçue comme matérielle ou immatérielle, ce que les philosophes appellent « âme » désigne toujours une cause première ou une substance hors de portée de l'observation et de l'expérience. L'âme n'est donc pas un fait d'expérience ; en tant que telle, elle ne peut être objet de science. Il est donc nécessaire « d'ajourner, sinon d'écarter entièrement la question obscure et controversée de la nature de l'âme » qui sort des limites de la psychologie « proprement dite »[4]. Celle-ci se limite aux faits conscients et aux lois qui les régissent. C'est en tant que telle qu'elle est d'un grand profit dans la formation des élèves-maîtres : elle livre une connaissance objective des lois de développement des facultés de l'enfant et de leur relation entre elles ; elle permet ainsi d'agir sur ce développement. En ce sens, elle est utile à la formation professionnelle des maîtres. Mais elle est utile aussi pour leur formation générale, leur culture[5].

Plus libre dans le ton, le cours de Compayré est aussi plus éloigné de l'orthodoxie cousinienne et spiritualiste. S'il convient que la psychologie

1. Voir G. Compayré, *Psychologie appliquée à l'éducation*, 1re partie : notions théoriques ; 2e partie : application, Paris, Librairie Paul Delaplane, 1889.

2. Formule que Jules Ferry utilise dans son discours d'initiation en maçonnerie en 1876.

3. *Ibid.*, première leçon, p. 22.

4. *Ibid.*, p. 30.

5. « L'École normale n'est pas seulement une fabrique d'instituteurs, écrit Compayré ; elle doit à ses élèves outre l'éducation professionnelle qui les forme à leur futur métier, l'éducation générale qui développe et élève leurs facultés », *ibid.*, introduction, p. 10.

« révèle » à l'homme la « dignité de sa nature », il ajoute dans le même temps qu'elle doit aussi lui apprendre « en quoi il ressemble aux autres animaux »[1]. S'il préconise pour aborder les faits psychologiques la méthode consistant à « rentrer en soi-même », la méthode de l'observation intérieure, c'est pour retrouver en soi les vérités de fait que le professeur expose dans son cours. S'il utilise le mot de « faculté », c'est pour aussitôt préciser qu'il faut entendre par là « un ensemble de faits », non une substance[2]. La distinction des facultés en sensibilité, intelligence et volonté, pas plus que l'étude des facultés ne sont présentées comme s'inscrivant dans les cadres de la psychologie spiritualiste. Ce qui est proprement spiritualiste aux yeux de Compayré, c'est la croyance en l'existence de l'âme. S'agissant de la tripartition des facultés qu'il présente comme communément admise, c'est au psychologue anglais Alexander Bain qu'il se réfère[3]. Les facultés ne sont pas présentées comme facultés « de l'âme ». La dernière leçon du cours est consacrée au dualisme de l'esprit et de la matière. Loin de s'y livrer à une défense de la philosophie spiritualiste, Compayré mène une discussion serrée des arguments respectifs du spiritualisme et du matérialisme contemporain. En éclectique, il affirme que spiritualisme et matérialisme sont des tendances de l'esprit qui ont existé de tous temps, mais que le spiritualisme est « surtout une croyance vulgaire, une croyance de sens commun »[4]. L'un voulant démontrer l'indépendance de l'esprit et le rapport causal de l'esprit sur la matière, l'autre cherchant à démontrer au contraire que tout est matière, Compayré finalement les renvoie dos à dos considérant que ni l'un ni l'autre n'est parvenu à démontrer sa thèse.

Au demeurant, Compayré considère que ces questions sont marginales et font perdre de vue, non seulement la vocation scientifique de la psychologie, mais son caractère utile et pratique. C'est bien parce qu'elle est débarrassée de la métaphysique que la psychologie est utile et pratique pour le métier d'instituteur, mais pas seulement ; elle l'est aussi lorsqu'elle se centre sur la psychologie de l'enfant et par sa proximité avec l'histoire. Celle-ci, en mettant en scène les sentiments et les passions des hommes est la meilleure école de psychologie et par là le moyen, pour les élèves-maîtres, d'approfondir leur connaissance de la nature humaine. Aussi l'histoire est-elle, pour Compayré, la meilleure éducatrice. En cela réside le bien fondé de l'introduction d'une histoire de la pédagogie dans les

1. *Ibid.*, introduction, p. 20.
2. Une « entité distincte et séparée », dit Compayré. 1re leçon, p. 34.
3. *Ibid.*, 1re leçon, p. 35-36.
4. *Ibid.*, p. 266.

Écoles normales. L'histoire de la pédagogie est avant tout une « école d'éducation », affirme Compayré dans le *Dictionnaire de pédagogie et d'instruction primaire*[1], « une des sources de la pédagogie définitive », qui vise à montrer, à travers les défaillances et les retours en arrière, « le progrès toujours sensible et l'acheminement insensible vers les solutions les plus rationnelles et les plus idéales »[2]. Le profit n'en est pas seulement intellectuel, mais aussi moral : l'éducateur y trouvera des « trésors d'instruction morale » offerts par l'exemple des « vertus pédagogiques » des grands éducateurs et propres à susciter une « salutaire influence » sur leur « conduite » et leurs « efforts ».

L'acclimatation de la philosophie à l'enseignement primaire ne s'est ainsi opérée ni sans risques, ni sans dommages : une psychologie coupée de son prolongement métaphysique prend le risque de se retraduire en un simple outil d'observation et de formation du caractère de l'enfant, ce en quoi elle ne se définit pas comme le moyen d'une redéfinition des fins de l'éducation scolaire laïque et républicaine, l'observation et l'analyse du caractère des enfants étant de longue date un des aspects majeurs de la pédagogie des jésuites. Amputée de la métaphysique, on constate encore, avec Gabriel Compayré, qu'elle trouve à se réassurer, et même plus fermement, en prenant appui sur des théories concurrentes du spiritualisme philosophique, le positivisme anglais notamment. La recherche d'une efficacité toute pratique de la psychologie appliquée à l'éducation, le constat de son autonomie comme science, peuvent conduire assez naturellement à un abandon de la psychologie spiritualiste.

Les aménagements nécessaires à une introduction de la philosophie dans la formation des enseignements du primaire met ainsi à mal l'orthodoxie cousinienne et éclectique. Au demeurant, si l'on excepte la démarche de Paul Janet, toujours soucieux de la rigueur et de la précision philosophiques, quel que soit le niveau de l'enseignement, la psychologie appliquée vise davantage à faire agir qu'à apprendre à penser.

Reste que ces aménagements de la psychologie éclectique n'ont pas sonné le glas du spiritualisme philosophique. Trente ans après la dernière philosophie de Cousin, le spiritualisme s'est consolidé comme philosophie populaire proche des croyances de sens commun. C'est après 1848 que Cousin a œuvré à stabiliser la doctrine en ce sens, en produisant une vulgate métaphysico-religieuse, mais surtout une doctrine du bon ordre moral que

1. « Pédagogie (Histoire de la) », *op. cit.*, Supplément, p. 3047-3052.
2. *Ibid.*

l'on retrouvera, parmi d'autres éléments, dans les premiers programmes de morale de l'école primaire.

Le tournant de 1848 : quelle philosophie pour l'école du peuple ?

1) La philosophie populaire de Victor Cousin

En 1848, Cousin fait paraître deux ouvrages : *Philosophie populaire, suivie de la Profession de foi du Vicaire savoyard*[1] et *Justice et Charité*[2]. Dans le premier, il revient sur le partage établi de longue date entre philosophie et religion, affirmant que l'« on peut enseigner au peuple la philosophie, si [elle] [...] est la science des grandes vérités intellectuelles et morales ». Ce revirement ne peut se comprendre que si l'on distingue deux sortes de philosophie : l'une, « artificielle et savante », réservée à quelques-uns, l'autre, « naturelle et humaine, et qui est à l'usage de tous »[3]. Le partage ne se fait plus entre la philosophie pour quelques-uns et la religion pour le plus grand nombre, mais entre deux philosophies, deux métaphysiques, l'une spéculative, l'autre, naturelle et sortant des « suggestions spontanées de la conscience »[4]. Bien plus, celle-ci est supérieure à l'autre qui doit « s'y appuyer sans cesse » pour ne pas « s'égarer en de vaines spéculations ». Si « la vraie philosophie » n'est que l'expression la plus haute du sens commun », le rapport entre les deux s'inverse au profit du sens commun qui devient la norme permettant d'apprécier la spéculation philosophique : « bornée mais solide », cette philosophie de sens commun contient un petit nombre de grandes vérités source de foi. Loin de s'assurer une supériorité par rapport au peuple, « le plus grand des philosophes » n'a « ainsi pas une croyance essentielle de plus que l'ouvrier ou le paysan un peu cultivé »[5].

Suit une énumération de ces vérités métaphysiques de sens commun, présentées en quelques dogmes qui sont autant de croyances[6] : dualisme de l'âme et des sens, liberté de l'homme et place élective dans l'ordre de la nature, nature pensante de l'homme, sensibilité morale naturelle de l'homme (« l'homme a un cœur » ; il est « capable d'amour désintéressé ») ;

1. V. Cousin, *Philosophie populaire, suivie de la Profession de foi du Vicaire savoyard*, Paris, Pagnerre, Paulin et Cie, 1848.

2. V. Cousin, *Justice et Charité*,Paris, Pagnerre, Paulin et Cie, 1848.

3. Voir V. Cousin, *Philosophie populaire*, Paris, Pagnerre, Paulin et Cie, 1848, p. 1.

4. *Ibid.*, p. 3.

5. *Ibid.*, p. 7.

6. *Ibid.*, p. 4-9.

nature spontanément morale de l'être humain (l'homme est capable de concevoir une loi morale impérative) ; obligation de cultiver la vertu, source de perfectionnement (la « vertu est ce qui nous porte vers l'ordre moral pour lequel nous sommes faits ») ; distinction de l'honnête et de l'utile ; reconnaissance de l'auteur du monde : « l'univers est une géométrie vivante dont nous n'avons pas encore pénétré tous les secrets, mais qui partout nous révèle un admirable géomètre » ; preuve de Dieu, moins par la nature, que par l'homme, « chef d'œuvre de l'univers » ; existence en l'homme de facultés particulières qui en font un être « à part », une « merveille dans l'univers » : Il est libre, capable de vertu, fait pour la justice, amour et charité parlent à son cœur. « Le Dieu que l'homme manifeste est donc un Dieu tout autrement grand que le Dieu de l'univers : à l'infinitude et à l'immensité il joint la liberté, la justice, la charité… »[1]. « Avec l'âme, Dieu a donné à l'homme quelque chose de lui »[2].

Ces vérités sont découvertes par la métaphysique spéculative, mais celle-ci « a sa source et son plus ferme fondement dans la métaphysique naturelle, qui repose à son tour dans la conscience de chacun de nous », y compris le « plus pauvre d'esprit ». Elle est tout entière contenue dans la *Profession de foi du Vicaire savoyard* dont le texte, tronqué[3], comme on pouvait s'y attendre, fait suite à la *Philosophie populaire*.

Le recours à Rousseau et à la *Profession de foi du Vicaire savoyard* est, à partir de 1848, un lieu commun de la libre pensée déiste[4]. Cousin l'utilise pour asseoir les quelques principes d'une vulgate spiritualiste confondue du même coup avec ce déisme qui, après 1848, saisit la nébuleuse libérale,

1. *Ibid.*, p. 7.
2. *Ibid.*, p. 8.
3. Le texte de Rousseau est coupé et commenté : par exemple, à propos du passage « Apercevoir, c'est sentir; comparer, c'est juger; juger et sentir ne sont pas la même chose… », Cousin commente en note de bas de page (p. 29) : « cet admirable passage et les suivants sont une réfutation directe de la théorie sensualiste de Condillac et surtout d'Helvétius ». Ou page 33, Rousseau : « Je ne suis pas seulement un être sensitif et passif, mais un être actif et intelligent; et, quoi qu'en dise la philosophie, j'oserai prétendre à l'honneur de penser »; commentaire de Cousin en note : « Rousseau est ici le disciple de la philosophie socratique et cartésienne ». Ou pages 94-95, à propos de l'usage que Rousseau fait du mot « raison », note de Cousin : « Par raison, Rousseau entend ici et ailleurs la raison qui rend compte de ce qu'elle examine. On peut aussi et on doit appeler raison la faculté en nous qui aperçoit immédiatement le vrai, le bien, le beau, sans en rendre compte autrement que par la force qui est en elle. Cette raison primitive et instinctive est la source de l'idée du bien moral, de l'obligation et de la vertu désintéressée. Voyez notre écrit *Des pensées de Pascal*, préface de la 3e édition, p. XII ».
4. Voir J. Lalouette, *La libre pensée en France. 1848-1940*, Paris, Albin Michel, 1997.

bien au-delà des frontières de la philosophie, pour se diffuser dans l'opinion. À la fin de l'opuscule, Cousin appelle à un consensus autour d'une doctrine raisonnable garante de l'ordre social :

> Républicains, vous pouvez donc lire cet écrit en toute sûreté de conscience : c'est un républicain qui vous parle. Puisse ce titre, aujourd'hui si favorable, gagner plus aisément les esprits et les cœurs à ces nobles doctrines qui seules peuvent donner du prix et de la dignité à la vie, et sur lesquelles repose toute société bien ordonnée, république ou monarchie ! [1]

La philosophie populaire de Victor Cousin est ainsi une métaphysique populaire faite de « vérités » de sens commun immédiatement accessibles à la conscience de tout un chacun. C'est cette même métaphysique « naturelle », décrochée de son rapport au savoir philosophique, que l'on retrouvera dans les programmes de morale de l'école primaire. Associée aux principes d'une vague religion naturelle, elle contribue à redéfinir le spiritualisme comme croyance.

Ce constat peut éclairer d'un jour nouveau les propos de Ferry lui-même s'abritant derrière la caution spiritualiste de manière parfois ambiguë, faisant allusion à la fois à la tradition universitaire et à l'état de l'opinion : il considérait en effet comme rassurant pour les adversaires de la neutralité laïque le fait que « l'immense majorité des professeurs de l'Université se rattache à la philosophie spiritualiste » [2], comme acquis l'attachement du corps des instituteurs aux « croyances spiritualistes » [3], à l'image d'une société dont « l'immense majorité de la population se rattache aux croyances spiritualistes » [4].

À la fin du XIXe siècle, les termes « spiritualistes » et « spiritualisme » semblent ainsi avoir acquis une extension qui dépasse largement les cadres de l'Université et de la philosophie, s'éloignant de l'exigeante philosophie de l'esprit que Janet appelait de ses vœux. Elle s'est muée en une vulgate au service du conservatisme moral et social. Ce conservatisme, *Justice et Charité* en donne la formulation.

1. V. Cousin, *Philosophie populaire, op. cit.*, p. 24. On peut noter la manière dont Cousin situe sur le même plan la république et la monarchie.

2. Discours à la Chambre des députés du 23 décembre 1880, in *Discours et opinions de Jules Ferry*, présentés et commentés par Paul Robiquet, tome IV, Paris, Armand Colin, p. 131.

3. Discours au Sénat du premier juin 1883, *ibid.*

4. Discours à la Chambre des députés du 2 juillet 1881, *ibid.*, tome IV, p. 183.

2) *Justice et Charité*

L'opuscule paru sous le titre *Justice et Charité* est le premier volume des « Petits traités » publiés par l'Académie des Sciences morales et politiques à partir de 1848. Il s'agit d'un ouvrage entièrement circonstanciel. Le long « Avertissement » préalable le rappelle : après les événements du 24 février 1848, l'Académie des Sciences morales et politiques a été saisie en la personne de son président, Charles Dupin, d'une demande émanant du chef du pouvoir exécutif, le général Cavaignac de « [concourir] à la défense des principes sociaux attaqués par des publications de tous genres[1] ». Considérant qu'il n'est pas suffisant de rétablir l'ordre matériel à l'aide de la force « si l'on ne [rétablit] pas l'ordre moral à l'aide d'idées vraies, il regarde comme nécessaire de pacifier les esprits en les éclairant ». En réponse, l'Académie désigne une Commission composée de cinq membres pris dans les cinq sections : MM. Cousin, de Beaumont, Troplong, Blanqui et Thiers. Une lettre est envoyée à Cavaignac par le secrétaire perpétuel de l'Académie, M. Mignet, dans laquelle ses membres se déclarent unanimement favorables à la publication d'« idées saines et vraies », prêts à unir « les persuasions de la science aux efforts de l'autorité pour défendre en commun la société et la civilisation », disposés à « faire avancer la société vers l'ordre dans la liberté et vers la prospérité par le travail »[2].

Deux séries de mesures sont prises : une mission est confiée à Blanqui dans les villes de Marseille, Lyon, Rouen, Lille. On le charge d'exposer l'état moral et économique des populations ouvrières dans ces villes et dans les régions voisines dont ces villes sont le centre industriel[3]. Décision est prise de faire des publications périodiques sous forme de petits traités sur toutes les questions qui sont du domaine de l'Académie, « et particulièrement sur celles qui peuvent intéresser l'ordre social »[4]. Ces traités devront être savants, mais clairs et courts afin de les rendre accessibles à

1. Procès-verbal de la Séance extraordinaire du lundi 17 juillet 1848. Dans V. Cousin, *Justice et Charité*, Paris, Pagnerre, Paulin et Cie, 1848.

2. *Ibid.*, p. 10-11.

3. Il est chargé d'examiner, en particulier, quelle est l'éducation physique et morale des enfants d'ouvriers, l'influence de la vie de famille sur les moeurs et le bien-être des ouvriers, celle de l'esprit religieux et des lectures auxquelles ils se livrent habituellement ; quelles sont les causes économiques auxquelles on doit attribuer le malaise ouvrier ; si l'association entre ouvriers est un moyen d'améliorer leur sort ; quels progrès sont survenus depuis 25 ans dans la condition des ouvriers.

4. Pour le vote de cette décision, Tocqueville a siégé en remplacement de M. Gustave de Beaumont.

un grand nombre de lecteurs. À raison de deux parutions par mois et moyennant un faible prix de vente, l'Académie espère ainsi « aider la politique en parlant au peuple le langage du bon sens ». Elle s'engage à exprimer

> en termes énergiques et simples, ces vérités fondamentales sur lesquelles repose toute société [...] et qui sont plus nécessaires encore à une société démocratique qu'à toute autre. Une société *qui ne date que d'elle-même*[1], qui prétend rompre avec tout préjugé, toute convention, toute fiction, ne saurait être liée que par la raison. Telle est aujourd'hui la condition de la France républicaine. Le premier droit du peuple est le droit à la vérité[2].

Justice et Charité est le premier de ces traités. La dimension principalement conjoncturelle de l'ouvrage est perceptible à la fois dans la rhétorique de Cousin qui laisse très nettement suggérer qu'il s'adresse avant tout au « peuple », et dans sa manière de traiter et d'articuler la liberté et l'égalité. Cette articulation constitue le centre de gravité de l'opuscule. Il est clair que sa rédaction est motivée par l'urgence de combattre des conceptions et des revendications de justice et d'égalité sociales rendues manifestes par la Révolution de 1848 et portées par les tendances socialistes. Si Cousin, tout comme l'aréopage qui contrôle l'Académie des Sciences morales et politiques, se déclare acquis à la République et même à la démocratie[3], c'est pour y voir une forme stabilisée de gouvernement, non un processus engageant le progrès social et l'égalité des droits.

Le traité s'attache à montrer que la justice et la charité sont les deux principes que l'on trouve au fondement de la nature humaine et des sociétés. Ce sont des sentiments naturels dont toute société « est le développement plus ou moins harmonieux ». La justice est le droit de faire ce que l'on veut sous réserve que l'exercice de ce droit ne porte aucune atteinte à l'exercice du droit d'autrui. Elle est ainsi comprise comme liberté, mais une liberté réglée par la première loi découverte par la conscience, celle du devoir. Le devoir est avant tout devoir de respecter la liberté en soi-même, en laquelle réside toute la dignité de l'homme. D'où le devoir de combattre ce que Cousin appelle les passions, expression de l'égoïsme et de l'intérêt

1. Souligné par nous.

2. *Ibid.*, p. 16.

3. L'Avertissement stipule que c'est « dans l'intérêt de cette grande démocratie, que nous voulons tous organiser, qu'il est nécessaire de poser scientifiquement, et d'examiner dans leur multiplicité et leur variété les questions sociales, et de déterminer, sous la dictée de l'expérience, la portée des institutions humaines, les caractères de la réalité, les limites du possible ». L'Académie, est-il précisé, a toujours poursuivi le « bien praticable », *Ibid.*, p. 6.

personnel (violence, envie, paresse, orgueil, intempérance). C'est le « devoir le plus général que la raison impose à la liberté ».

La liberté est première et conditionne l'égalité puisqu'en effet les hommes sont inégaux en tout (force physique, santé, beauté, intelligence) et ne sont égaux que par la liberté. La liberté métaphysique (le « libre-arbitre ») est condition d'une égalité de dignité des personnes, d'une égalité morale. « Là est le type de la liberté, et en même temps de la vraie égalité ; tout autre est un mensonge ». Mensonge que les hommes aient un « égal droit au bonheur » :

> Ici l'égalité est contre la nature et contre l'ordre éternel. […] Rêver une telle égalité est une méprise étrange, un égarement déplorable. La fausse égalité est l'idole des esprits et des cœurs mal faits, de l'égoïsme inquiet et ambitieux[1].

« Chimérique » est « l'égalité d'esprit, de beauté, de fortune, de jouissances ». L'égalité demande avant tout le respect du droit d'être libre dans tout ce qui constitue la personne, « cette personne qui est vraiment l'homme ».

La liberté enveloppant l'égalité engendre tous les droits et tous les devoirs. La première des libertés est la liberté philosophique, la deuxième, la liberté religieuse, sous réserve cependant que les religions [n'aient] « rien de contraire à la dignité de la personne humaine[2] ». La troisième est la propriété. Cousin s'attarde longuement sur le droit de propriété, récusant les théories contractualistes, mais surtout celles des économistes faisant de ce droit une conséquence de la production et du travail. La propriété en effet préexiste à la production « parce qu'elle représente le droit de la personne elle-même »[3]. Elle est naturelle et sacrée en ce qu'elle est un droit dérivée de la propriété primitive qu'est l'appartenance à soi-même : la « première propriété, c'est nous même, notre moi, notre liberté, notre pensée ». Elle est « racine et modèle de toutes les autres »[4]. La propriété consiste fondamentalement en une appropriation : l'homme libre

1. *Ibid.*, p. 24-25.

2. Cousin donne en exemple ici une religion qui autoriserait la polygamie, « c'est-à-dire l'oppression et l'avilissement de la femme », de même que toute congrégation religieuse qui imposerait à ses membres l'entière abdication de leur libre arbitre… », et prescrirait de se considérer, à l'égard de leur chef, « comme de simples choses, comme un bâton ou comme un cadavre »., *op. cit.*, p. 27.

3. *Ibid.*, p. 31.

4. *Ibid.*, p. 32.

s'approprie d'abord son propre corps, puis il « se répand successivement sur tout ce qui l'entoure »[1].

Ce n'est donc pas le travail qui donne droit à la propriété ; un tel principe supposerait un droit au travail, ce que Cousin critique sans ménagements. Le travail n'est que le moyen d'« imprimer » aux choses « notre caractère », de les rendre plus « personnelles » au sens où nous leur donnons quelque chose de notre personne. Dans le dispositif de Cousin, l'obligation de ne jamais porter atteinte à la liberté d'autrui étant inviolable, imprescriptible, la traduction d'une loi morale comprise comme naturelle, la charité vient corriger les inégalités sociales tout en n'étant pas, à proprement parler, une « obligation ». Elle est en effet un devoir auquel ne correspond aucun droit : j'ai le devoir de secourir les plus pauvres sans que ceux-ci aient le droit d'exiger de moi d'être secourus ; de la même manière, l'État a des devoirs de charité que Cousin énumère (devoir d'aide et de protection pour la conservation physique des plus démunis par des institutions de bienfaisance, devoirs d'instruction et d'éducation, devoir d'« amélioration » des criminels) sans qu'à ces devoirs correspondent réciproquement des droits.

Ainsi, toute la « morale sociale » consiste en ces deux éléments : « respecter les droits d'autrui et faire du bien aux hommes, être à la fois juste et charitable ». C'est cette même morale sociale qui inspirera les premiers programmes de l'éducation morale laïque introduite à l'école primaire par la loi du 28 mars 1882 ainsi que la métaphysique de sens commun dont la formulation se trouve dans la dernière philosophie de Cousin. À quoi s'ajoute une psychologie d'inspiration spiritualiste prescrivant la subordination des facultés inférieures aux facultés supérieures et une méthode d'observation des élèves en vue de les accompagner dans cet effort.

LES PROGRAMMES D'ÉDUCATION MORALE DE L'ÉCOLE PRIMAIRE

Dans la continuité des finalités traditionnelles de l'enseignement primaire, l'éducation morale occupe une place à part dans les programmes rénovés de l'école primaire parus au Bulletin administratif du 27 juillet 1882. Les préconisations entourant leur parution sont, de ce point de vue, très claires : « L'enseignement moral est destiné à compléter et à relier, à

1. *Ibid.*, p. 33.

relever et à ennoblir tous les enseignements de l'école. Tandis que les autres études développent chacune un ordre spécial d'aptitudes et de connaissances utiles, celle-ci tend à développer dans l'homme, l'homme lui-même, c'est-à-dire un cœur, une intelligence, une conscience. Par là même, l'enseignement moral se meut dans une tout autre sphère que le reste de l'enseignement. » L'éducation morale commence dès la section enfantine, à partir de 5 ans où elle ne donne lieu ni à des cours, ni à des leçons. L'enseignement est « diffus » et se présente sous la forme de « causeries très simples », mêlées à tous les exercices de la classe, ainsi qu'à la surveillance des récréations, le but étant, non de corriger les défauts des élèves, mais d'anticiper sur leur éventuel développement.

Le programme du cours élémentaire est en continuité avec le précédent ; il vise « l'éveil du sens du bien » le programme préconisant pour cet âge une « méthode indirecte et encore enveloppante », ce qui signifie que la morale ne doit pas être enseignée comme telle, mais suggérée ou construite à partir d'un récit. Il prévoit moins des « leçons » qu'un « enseignement par le cœur » requérant du maître une observation des élèves centrée sur l'analyse de leur caractère, et une action visant à corriger les défauts naissants ou à développer les qualités. Mais c'est surtout la discipline qui semble devoir être le moyen de l'éducation morale. Le programme précise que le maître devra distinguer nettement « le manquement au devoir de la simple infraction au règlement ». C'est la première occurrence du terme « devoir » dans les programmes, situé d'emblée en surplomb du règlement : le règlement donne lieu à des infractions, mais celles-ci ne sont pas encore « morales ».

C'est donc principalement à un travail sur eux-mêmes (franchise, droiture) que les enfants sont encouragés sous la responsabilité d'un maître à qui il incombe de faire régner « scrupuleusement » l'esprit d'équité. Une sorte de pédagogie de la découverte du soi moral est prescrite qui ne doit cependant pas empêcher l'enseignant d'œuvrer à redresser les superstitions, les « terreurs folles », les préjugés de l'enfance. Prenant appui sur des exemples concrets et supposés familiers à l'environnement des enfants (alcoolisme, paresse, désordre, cruauté) la pédagogie préconisée vise à leur faire juger une action par ses conséquences. Mais le programme mentionne aussi pour la première fois une observation du Bien et même du Beau comme symbole du Bien. Il indique qu'il faut « élever » les enfants, par exemple en leur « faisant contempler quelques grandes scènes de la nature », censées susciter en eux un sentiment d'admiration. Cette élévation peut les conduire au sentiment religieux ou à celui de la charité. Il convie les instituteurs à inciter les enfants à faire œuvre de charité eux-mêmes ou à s'imprégner du bien-fondé de ce devoir par la visite d'un établissement de charité. C'est, pour cet âge, une éducation dont le ressort est sentimental et affectif.

Ce n'est qu'à partir du cours moyen (de 9 à 11 ans) que les programmes indiquent clairement des contenus distribués en paragraphes successifs. Ils commencent par « L'enfant dans la famille » pour se terminer par les « Devoirs envers Dieu ». Divisé en deux parties, la deuxième prévoit l'enseignement des devoirs envers soi-même, devoirs envers les autres et devoirs envers Dieu, alors que la première, commençant par les devoirs familiaux, suggère une continuité entre l'éducation familiale et l'éducation scolaire. L'école légitime l'éducation familiale, pour autant, bien sûr, que celle-ci est « honnête ». La seconde partie décrit une morale de l'honnêteté et du contrôle de soi valorisant l'hygiène, le sens de l'économie, la véracité, la modestie, le travail, le courage et la patience ; sont stigmatisés la cruauté envers les animaux, les passions, l'orgueil, la vanité, l'ignorance et la paresse, l'avarice et l'intempérance. Les devoirs envers autrui sont centrés sur la distinction des devoirs de justice et des devoirs de charité, les premiers prescrivant le respect des droits d'autrui, de sa liberté ; les seconds, le dévouement et le sacrifice de l'intérêt personnel au principe du devoir de faire du bien à autrui. Le programme se termine par la partie relative aux « devoirs envers Dieu » « bornés » à deux points : respecter le nom de Dieu (ne pas blasphémer, « associer à l'idée de la Cause première et de l'Être parfait un sentiment de respect et de vénération »), à quoi s'ajoute une définition assez générale mais aussi plutôt philosophique de Dieu comme « Cause première et Être parfait ». Le programme précise que le respect envers « la notion de Dieu » (sa notion, pas Dieu lui-même) est un devoir pour l'enfant « alors même qu'elle [sa notion] se présenterait à lui sous des formes différentes de celles de sa propre religion ». Les programmes entérinent donc la conception spiritualiste d'un Dieu déconfessionnalisé et même sécularisé, idée plus que présence. Aspect du programme confirmé par le deuxième devoir : « le premier hommage que l'enfant doit à la divinité, c'est l'obéissance aux lois de Dieu telles que les lui révèlent sa conscience et sa raison ». Entre les devoirs envers autrui et les devoirs envers Dieu s'intercale un « *nota bene* » dans lequel figure le principe philosophique de la morale, principe spiritualiste : « l'instituteur prend pour point de départ l'existence de la conscience, de la loi morale et de l'obligation ».

Le cours supérieur (de 11 à 13 ans) prévoit explicitement des leçons de morale, plus spécifiquement de morale sociale. La famille, la société et la patrie constituent ses trois rubriques. La partie concernant la société introduit les notions de solidarité, de « dette envers la société », de justice et de fraternité. La justice implique un certain nombre de devoirs : devoir de respecter la vie et la liberté, la propriété, la parole donnée, la réputation d'autrui, son honneur, les opinions et les croyances. Les programmes identifient la fraternité à la charité, font du dévouement la « forme suprême de la charité » en insistant sur son inscription quotidienne (« montrer qu'il trouve sa place dans la vie de tous les jours »). La moitié des alinéas du programme est toutefois consacrée à la patrie, à l'égard de laquelle chacun est débiteur. D'où l'insistance sur le service militaire, l'obéissance aux lois et les impôts. Les devoirs correspondent réciproquement à des droits : liberté individuelle, d'association, de conscience, du travail. Ces éléments de « morale sociale » s'achèvent par des notions d'instruction civique comprenant la souveraineté nationale et l'explication de la devise républicaine. Le paragraphe conclusif comporte deux préconisations dans lesquelles on reconnaîtra l'inspiration spiritualiste : amener les élèves à distinguer le devoir et l'intérêt, d'une part, la distinction entre la loi écrite et la loi morale, d'autre part : « l'une fixe un minimum de prescriptions que la société impose à tous ses membres sous des peines déterminées, l'autre impose à chacun dans le secret de sa conscience un devoir que nul ne le contraint à remplir, mais auquel il ne peut faillir sans se sentir coupable envers lui-même et envers Dieu. » On reconnaît une inspiration kantienne dans cette deuxième préconisation.

LES MANUELS D'INSTRUCTION MORALE ET CIVIQUE

À la lettre-circulaire aux instituteurs du 17 novembre 1883 dans laquelle Jules Ferry tente de fixer les principes, les moyens et les fins de « l'enseignement laïque de la morale », selon son expression, est jointe en annexe la liste des manuels d'instruction morale et civique adoptée par les conférences cantonales d'instituteurs et les commissions départementales pour l'exercice scolaire 1883-1884[1]. Cette liste de 25 ouvrages distingue des manuels d'« instruction morale », d'« instruction civique » et d'« instruction morale et civique ». Y figurent les quatre manuels mis à l'Index en 1882, à l'origine de la première guerre des manuels : ceux de Gabriel

1. Elle figure à la fin de l'article « Manuels d'instruction morale et civique » du *Dictionnaire de pédagogie et d'instruction primaire*, *op. cit.*, p. 1836-1838.

Compayré[1], Paul Bert[2], Mme Henry Gréville[3] et Jules Steeg[4]. Dans la liste, figurent encore les manuels d'Adolphe Franck[5], Paul Janet[6], Henri Marion[7] et Clarisse Coignet[8]. À côté de ces auteurs impliqués dans la vie publique et dans la rénovation de l'enseignement primaire à un titre ou à un autre, sont mentionnés des auteurs moins connus : Théodore-Henri Barrau[9], Auguste Burdeau[10], Léopold Mabilleau[11], Pierre-Jules Stahl[12]. Il est à noter qu'opposé au principe d'une éducation morale scolaire, Jules Simon n'a pas écrit d'ouvrage d'éducation morale, mais un manuel d'instruction civique[13]. Parce qu'il est un libéral, Jules Simon défend les droits de l'État enseignant, mais non de l'État éducateur ainsi que le fera Jules Ferry, l'enseignement de la morale étant à ses yeux une prérogative des seuls professeurs de philosophie et ne relevant pas du droit de l'État[14].

Si l'orientation spiritualiste de l'éducation morale a présidé à la rédaction des programmes en la personne de Janet et Buisson, elle n'a de toute évidence pas entièrement guidé le choix des manuels. Si les manuels de Janet, Franck, Marion et Compayré sont l'œuvre de philosophes issus du spiritualisme philosophique, le choix des autres manuels semble avoir été plutôt l'effet de l'appartenance de leurs auteurs à des réseaux : ceux de Ferry ou de Buisson comme à des réseaux pédagogiques. Ainsi

1. *Éléments d'éducation civique et morale*, Paris, Garcet, Nisius et Cie Editeurs, 1880.

2. *L'instruction civique à l'école. Notions fondamentales*, Paris, Picard-Bernheim, 1882.

3. *Instruction morale et civique des jeunes filles*, Paris, E. Weil et G. Maurice, 1882.

4. *Instruction morale et civique. L'homme. Le citoyen*, Paris, Librairie classique N. Fauvé et F. Nathan, 1882.

5. *La morale pour tous*, Paris, Hachette, 1880.

6. *Petits éléments de morale*, Paris, Delagrave Libraires-Éditeurs, 1870.

7. *Devoirs et droits de l'homme*, Paris, Librairie centrale des publications populaires, 1880.

8. *La morale dans l'éducation*, Paris, Librairie Delagrave, 1883. L'ouvrage est la 2e édition du *Cours de morale à l'usage des écoles laïques*, Paris, Le Chevalier éditeur, 1874.

9. *Livre de morale pratique ou choix de préceptes et de beaux exemples destiné à la lecture courante dans les écoles et les familles*, Paris, Hachette, 1883. La première édition date de 1849.

10. *L'instruction morale à l'école : devoir et patrie*, Paris, Librairie Picard-Bernheim, 1884.

11. *Cours de morale*, Paris, Hachette, 1883.

12. Pseudonyme de Pierre-Jules Hetzel, *Morale familière. Contes, récits, souvenirs et conseils d'un père à ses enfants*, Paris, Bibliothèque d'éducation et de récréation, 1868.

13. *Le livre du petit citoyen*, Paris, Librairie Hachette et Cie, 1880.

14. Voir ce qu'il en dit dans son ouvrage *L'école*, Paris, Librairie internationale A. Lacroix, Verboeckhoven et Cie Éditeurs, 1865 (7e édition), en particulier le chapitre II.

Barrau[1], auteur d'un manuel écrit sous l'Ancien Régime scolaire, tout entier centré sur les devoirs envers Dieu et les vertus chrétiennes, a-t-il longtemps dirigé le *Manuel général de l'instruction primaire*. Stahl est un républicain de 1848, exilé en Belgique sous l'Empire autoritaire, à l'origine en 1864, avec Jean Macé, du *Magasin d'éducation et de récréation*. Son manuel est paru en 1868, bien avant les réformes républicaines. Burdeau est normalien et agrégé de philosophie ; professeur au lycée Louis-le-Grand, il a traduit Spencer et Schopenhauer. Mais il n'est pas spiritualiste. Son manuel est républicain, laïque et libéral ; soucieux de droit et de sensibilisation des élèves aux progrès de la démocratie, il passe sous silence les devoirs envers Dieu. Mabilleau est maître de conférences à la Faculté des Lettres de Toulouse. Clarisse Coignet appartient au groupe de la morale indépendante ; fouriériste d'éducation, criticiste par choix, elle s'est fait connaître par son implication dans la revue *La Morale indépendante*, revue d'inspiration maçonnique, qui a paru sous le Second Empire de 1865 à 1870[2]. Républicaine et laïque de la première heure, elle a fait partie en 1870, de la Commission des dames chargée d'examiner les questions relatives à la réforme de l'instruction primaire, dont elle a été rapporteur[3]. C'est dans ces circonstances qu'elle a rencontré Ferdinand Buisson et Jules Simon, alors ministre de l'instruction publique[4]. Son manuel demeure fidèle à la doctrine de la morale indépendante qu'elle a développée par ailleurs[5] ; elle professe que la morale est indépendante, non seulement de la religion, mais aussi de la métaphysique. Son manuel affirme, dès l'introduction, que la morale est une science et qu'elle n'a pas à se prononcer sur les questions relatives à la vie future ou à l'immortalité de l'âme car ces questions excèdent le champ de la connaissance. Bien plus, on peut trouver des réponses à ces questions pour soi, mais on ne

1. Né en 1794, mort en 1865, il est de la génération de Cousin.

2. Voir P. Ognier, « La Morale indépendante sous le Second Empire (1865-1870) », dans A. Dierkens (dir.), *L'intelligentsia européenne en mutation, 1850-1875. Darwin, le Syllabus et leurs conséquences*, Éditions de l'Université libre de Bruxelles, 9/1998, p. 155-174.

3. Voir son *Rapport présenté au nom de la Commission des Dames chargée d'examiner les questions relatives à la Réforme de l'instruction primaire*, Paris, Imprimerie administrative de Paul Dupont, 1871. Clarisse Coignet est une figure importante des premiers temps de la Troisième République ainsi que de l'histoire de la laïcité. Patrick Cabanel lui rend justice dans *Le Dieu de la République. Aux sources protestantes de la laïcité (1860-1900)*, Presses universitaires de Rennes, 2003.

4. C'est ce qu'elle relate dans l'opuscule qu'elle consacre à la question de la séparation de l'Église et de l'État, *Où allons-nous ?*, Paris, Paulin et Cie éditeurs, 1903.

5. Voir C. Coignet, *La morale indépendante dans son principe et dans son objet*, Paris, Germer-Baillière, 1869.

peut en faire la matière d'un enseignement obligatoire et public. D'où la nécessité de séparer la morale enseignée dans les écoles de la religion et de la métaphysique, non dans un esprit d'hostilité ou d'irréligion, mais « pour les sauver de leur naufrage »[1]. Ces thèses font directement concurrence au spiritualisme d'école[2].

Steeg n'est philosophe ni de formation ni de métier, c'est un ancien pasteur en rupture de ban appartenant au réseau protestant de la première heure de Buisson[3]. Compayré et Steeg ont mené une carrière politique comme députés, de front avec leur engagement intellectuel et professionnel dans la rénovation de l'enseignement primaire. Compayré est normalien et agrégé de philosophie, de la génération de Marion, mais il n'est pas ou plus spiritualiste. Il est républicain, gambettiste, anticlérical et franc-maçon. Henri Marion[4] est catholique, spiritualiste et républicain. Reçu au concours d'entrée à l'E.N.S. en 1865, il est reçu à l'agrégation de philosophie en 1868, la même année que Buisson. Successivement professeur aux lycées de Pau, de Bordeaux, puis au lycée Henri IV à Paris, il est docteur ès lettres en 1880 et représente les professeurs de philosophie au Conseil supérieur de l'Instruction publique à partir de 1880. En charge du « cours complémentaire sur la Science de l'éducation » créé à la Sorbonne en 1883, il occupe cette chaire jusqu'à sa mort. Ferdinand Buisson lui succède en 1896.

Franck a 74 ans en 1883. Éclectique de stricte obédience, il incarne la mémoire du cousinisme à travers les éditions successives du *Dictionnaire*

1. C. Coignet, *La morale dans l'éducation*, *op. cit.*, intro., p. II et III.

2. Ainsi qu'en attestent les deux articles qu'Elme Caro fait paraître dans la revue *La Morale indépendante* les 1er et 8 août 1869. Intitulés La morale indépendante, les deux articles critiquent les thèses de Clarisse Coignet : la morale en effet peut être indépendante des religions positives, soutient Caro, mais pas de la métaphysique. Toute morale suppose une métaphysique, fût-elle la « métaphysique éternelle de l'humanité ».

3. En 1879, il renonce définitivement à son ministère pour se consacrer au combat républicain. Député de la Gironde en 1881, il s'inscrit à l'Union républicaine ; réélu en 1885, il crée avec Jules Ferry l'Union des Gauches. En 1886, il est rapporteur à la Chambre de la loi organique sur l'enseignement primaire. Après son échec aux élections de 1889, il commence une carrière dans l'enseignement primaire : nommé inspecteur général hors cadre chargé de la direction du musée pédagogique (1890), chargé de l'organisation du ministère de l'Instruction publique à l'Exposition universelle de Chicago (1893), il succède à Félix Pécaut comme directeur des études à l'ENS de Fontenay-aux-Roses en 1896. Voir Patrick Dubois (avec la collaboration de Annie Bruter) : *Le Dictionnaire de pédagogie et d'instruction primaire de Ferdinand Buisson. Répertoire biographique des auteurs*, Paris, INRP, 2002, p. 134.

4. 1846-1896.

des Sciences philosophiques. Il s'est aussi signalé par ses prises de position contre l'athéisme.

Sur la scène politique et philosophique de la fin du XIXe siècle, Paul Janet[1] fait figure d'autorité philosophique, intellectuelle et morale. Normalien en 1841[2], reçu premier à l'agrégation de philosophie en 1844, ses qualités exceptionnelles le font remarquer de Victor Cousin qui l'engage comme secrétaire pour une durée d'un an. S'ensuit une carrière de professeur de lycée et une carrière universitaire d'excellence, ponctuées de l'agrégation des facultés et de la soutenance de ses deux thèses de doctorat en 1848. Il consacre ses premiers cours à la Faculté des Lettres de Strasbourg à une histoire des idées morales et politiques et à une philosophie de la famille. Ses premiers travaux le distinguent dans le domaine de la philosophie morale à laquelle il a consacré l'essentiel de son œuvre. L'itinéraire de Janet est marqué par une forme de loyauté à l'égard de Cousin[3], alors même que dès ses années d'École Normale, c'est plutôt le spiritualisme biranien qui l'inspire à travers les cours d'Émile Saisset[4]. Janet a consacré sa vie à tenter de sauver l'héritage de Cousin tout en défendant l'idée la plus haute du spiritualisme philosophique. Politiquement, c'est avant tout un libéral qu'aucune des nombreuses vicissitudes politiques de la période n'a fait changer[5].

Les manuels spiritualistes

1) Les catégories de la morale spiritualiste

Le manuel de Paul Janet a été publié en 1870, soit sous l'Ancien Régime scolaire et bien avant la loi de laïcisation des programmes de

1. Né en 1823, mort en 1899.

2. Il a 18 ans.

3. En 1852, alors que Cousin tombe en disgrâce, Janet lui écrit : « Pour ma part, je suis plus disposé que jamais à me reconnaître votre disciple », cité dans É. Boutroux, *Notice sur Paul Janet*, Versailles, Imprimerie Cerf, 1900, p. 7.

4. « En fait, dit Boutroux, c'est dans l'enseignement biranien de Saisset, non dans l'éclectisme de Cousin, que se trouve l'origine des idées que devait plus tard soutenir et développer Paul Janet », *op. cit.*, p. 4. Voir l'article que Janet livre à la *Revue des Deux Mondes* en 1868, dans lequel il fait de Maine de Biran le « maître du spiritualisme ». Paul Janet, « Le spiritualisme français au XIXe siècle », *Revue des Deux Mondes*, mai-juin 1868, p. 353-386.

5. En 1848, il collabore à la revue *La liberté de penser*, dirigée par Amédée Jacques, dont il fut l'élève à l'École Normale.

l'école primaire[1]. Bien que destiné à de très jeunes enfants, c'est un manuel d'une grande précision philosophique qui part de la définition des notions élémentaires de morale (bien, mal, conscience ou sens moral, sentiment moral, liberté ou libre arbitre, responsabilité ou imputabilité, habitude, vertu, sanctions de la morale, Dieu) pour arriver à l'« existence de Dieu », les « devoirs envers Dieu » et l'« immortalité de l'âme ». Le manuel suit ainsi une progression philosophique qui ne coïncide pas avec l'ordre prévu dans les programmes (devoirs envers Dieu en tête, selon les dispositions de la loi Falloux du 15 mars 1850). Les catégories de la morale mobilisées par Janet mêlent les notions de la psychologie spiritualiste et la doctrine de *Justice et Charité* : dualisme de l'âme et du corps, liberté métaphysique de l'homme, dignité, distinction de l'honnête et de l'utile, devoir moral de se perfectionner et sa conséquence, la lutte contre les passions, la liberté étant présentée comme [supposant] « toujours la possession de soi-même »[2] ; stigmatisation de l'intérêt égoïste ; devoirs ramenés à deux « classes » : les devoirs de justice et de charité, la première se définissant comme « respect des droits d'autrui », la seconde comme « devoir de dévouement et de sacrifice de soi-même à autrui ». Janet reprend les mêmes exemples que Cousin, notamment dans l'éloge des vertus de tempérance, de véracité, de « force d'âme », ou encore dans le traitement du suicide comme type du manquement grave aux devoirs envers soi-même.

Le manuel d'Adolphe Franck est d'une complexité philosophique nettement plus importante que celui de Janet, ce qui laisse supposer qu'il n'a pas été écrit pour des élèves du même âge[3]. Il est divisé en « morale théorique ou psychologie morale » et « morale pratique ». Dans la tradition de l'éclectisme cousinien, Franck fait de la psychologie métaphysique le fondement de ce qu'il appelle la « science des mœurs » ou encore « science de nos devoirs ». D'elle sont tirées les principales vérités métaphysiques dégagées par Cousin : le dualisme de l'âme et du corps, le classement des phénomènes intérieurs en « sentir, penser, vouloir », eux-mêmes ramenés à une théorie des facultés. Dans la tradition spiritualiste, les catégories de la morale sont présentées comme issues d'une psychologie des facultés permettant de comprendre que l'homme est un être libre et raisonnable. Tout comme dans le manuel de Janet, autre trait de l'éclectisme, les catégories et les valeurs de la morale spiritualiste sont présentées dans le cadre

1. Loi du 28 mars 1882 qui prévoit l'introduction de l'instruction morale et civique en remplacement de l'instruction morale et religieuse.

2. P. Janet, *Petits éléments de morale*, chap. VIII, p. 24.

3. Sans précision aucune cependant.

d'une critique des morales de l'intérêt : le plaisir et l'intérêt ne peuvent pas être des catégories morales, de même que l'utile et l'agréable. Le devoir, le Bien, la Loi consistent à réaliser notre destinée d'homme. On retrouve traités dans le manuel de Franck les vertus de tempérance, le cas du suicide ainsi que la doctrine de *Justice et Charité*.

La tournure du manuel de Marion est également très philosophique même si l'approche est simplifiée. Marion explique qu'il se méfie des livres « puériles » et qu'il a souhaité écrire un ouvrage « sérieux »[1]. Divisé en « morale théorique » et en « morale pratique », le manuel mobilise les thématiques spiritualistes : la stigmatisation des passions, du suicide, de l'esclavage, l'éloge des mêmes vertus (tempérance, courage, prudence), le classement des devoirs en devoirs de justice et devoirs de charité, l'exaltation du dévouement, les catégories spiritualistes : devoir et dévouement, responsabilité, vertu, dignité humaine, rapports du bien avec le plaisir et l'intérêt, le rapport de la vertu et du bonheur, les sanctions de la loi morale. Mais c'est l'impératif catégorique de Kant, reformulé pour être mis à la portée des enfants, qui sert à faire comprendre ce que signifie agir par devoir[2]. De la même manière, c'est l'impératif kantien du respect de la personne qui est livré comme vraie et seule règle du devoir[3].

2) Morale et religion

Le manuel de Janet est laïque, à la manière éclectique : les devoirs ne sont pas présentés comme issus de la volonté de Dieu, mais comme l'accomplissant. Il s'agit d'un Dieu non-confessionnel présenté comme créateur, à qui l'homme doit un culte que Janet qualifie d'« intérieur » : il s'exprime dans le sentiment religieux par lequel se manifeste le devoir d'adorer Dieu. Le sentiment religieux ainsi compris est la marque propre du spiritualisme : adorer Dieu est un devoir (de la conscience), ce n'est pas un commandement (de Dieu) ; aimer Dieu, l'honorer ne se traduisent pas principalement dans le culte extérieur par lequel l'homme « pratique » sa

1. Son manuel est destiné à des élèves plus âgés (13/14 ans), sur le point de quitter l'école primaire, dit Marion.

2. « Agissons toujours de telle manière que la raison cachée de notre acte puisse être donnée comme règle de conduite à tous les hommes », H. Marion, *Devoirs et droits de l'homme*, *op. cit.*, p. 19.

3. « Respecte toujours en toi-même et dans les autres la dignité de la personne humaine ; traite tout personne comme sacrée par elle-même ; ne te sers jamais des autres comme simples moyens pour ton plaisir et ton avantage ». Ecrit en majuscules dans le texte, *ibid.*, p. 20.

religion ; mais bien plutôt dans ce culte intérieur par lequel Dieu est sensible au cœur et à la conscience.

Le manuel de Franck prend appui sur une conception religieuse de la nature humaine : l'homme n'a pas le pouvoir de changer sa nature, comme il n'a pas le pouvoir de changer la nature de la société, toutes deux étant d'« institution divine ». Franck ratifie donc, tout comme Cousin, une conception naturaliste et anti-contractualiste du social : la société est le « seul état naturel de l'homme », « c'est Dieu qui l'a fondée en créant le genre humain »[1]. Par là, la morale philosophique de Franck n'est guère différente de la morale chrétienne traditionnelle, avec ses conséquences de pessimisme et de résignation. Le manuel est centré sur une forme de théodicée, la nature de l'homme ne trouvant sa justification que dans le Dieu créateur. Le principe des sanctions religieuses apparaît dès la page 43, l'immortalité de l'âme étant une sanction nécessaire « pour suppléer à ce que les autres ont d'insuffisant et d'incomplet ». De longs développements sont consacrés aux preuves de l'immortalité de l'âme, à celles de l'existence de Dieu ainsi qu'à sa « nature ». Il est clair que pour Adolphe Franck, la morale n'est pas indépendante. S'il reprend le principe et la formule d'une morale religieuse comme « couronnement » de la morale, il affirme aussi que ce couronnement est « nécessaire »[2], la « conclusion logique » de la morale ; ou encore que la loi morale est « l'expression de la volonté divine »[3].

S'agissant de la dimension religieuse de la morale, et des devoirs envers Dieu, Marion cherche à concilier l'universalité du sentiment religieux et le respect de la diversité des croyances. Il fait du sentiment religieux et de la capacité à s'élever à la conception d'un Dieu le « propre de l'homme »[4]. Dieu est présenté comme Cause première de tout l'univers, prouvé par l'ordre de la nature, par la loi du devoir et par le besoin de croire (« sans cette croyance au triomphe final de la justice, combien cette vie serait sombre et désolée »)[5]. Les devoirs envers Dieu sont ramenés à un unique devoir : « servir Dieu », c'est-à-dire, « faire le bien sans compter ».

C'est la « liberté des cultes », « condition de la paix »[6]. Le manuel se clôt sur la nécessité de la tolérance.

1. A. Franck, *La morale pour tous*, *op. cit.*, p. 89.
2. *Ibid.*, p. 177.
3. *Ibid.*, p. 191.
4. H. Marion, *Devoirs et droits de l'homme*, *op. cit.*, p. 139.
5. *Ibid.*, p. 140.
6. *Ibid.*, p. 142.

3) Les buts de l'éducation morale

Janet confère un rôle tout particulier à la conscience et au sentiment moral : la conscience est « cette faculté de reconnaître la loi morale et de l'appliquer à toutes les circonstances qui se présentent »[1] ; comme l'enfance est le « sommeil de la conscience », le but de l'éducation morale est de « l'éclairer ». L'éducation morale est ainsi comprise davantage comme une éducation de la conscience que comme la formation d'habitudes ; la conscience est en effet une faculté de juger et non un sens intime. Elle doit donc être, au sens propre, « éclairée », cette visée situant le propos de Janet dans une perspective plus précisément cartésienne (« il suffit de bien juger pour bien faire »). Le jugement moral est toutefois soutenu par les émotions du cœur, ce que Janet appelle le sentiment moral. Contrairement à Cousin qui appelait à faire de l'éducation du cœur la finalité principale de l'éducation populaire[2], Janet ne considère les affections du cœur[3] que comme un « auxiliaire » de l'éducation morale.

Adolphe Franck fait de la notion du bien un « fait primitif de la nature humaine » qui ne vient ni de l'éducation, ni de la « législation ». Le rôle de l'éducation ne peut être ainsi que de développer la capacité naturelle de l'homme à discerner le bien d'avec le mal, de la faire passer de la conscience dans les actions par la « force de l'habitude »[4]. L'éducation morale n'est pas ainsi éducation de la conscience, mais formation d'habitudes. Pensée comme une influence et non comme la possibilité d'agir sur le développement de l'enfant et de l'orienter (« l'éducation ne peut pas changer la nature de l'homme »), le rôle de l'éducation est nécessairement limité.

Le manuel d'Henri Marion vise à faire un « honnête homme ». Destiné aux élèves plus âgés, il est fait pour accompagner les élèves tout au long de leur vie d'adulte. L'honnêteté consiste à « écouter toujours la raison et à faire ce qu'on doit ». L'honnête homme est ainsi un homme raisonnable,

1. P. Janet, *Petits éléments de morale*, chap. VI, p. 18.

2. Voir Victor Cousin, *Philosophie populaire*, *op. cit.*, p. 13-14 : « Instituteurs du peuple, en dépit de vos méthodes, il vous sera toujours impossible d'étendre, d'enrichir, d'orner beaucoup l'esprit du peuple; élevez-lui donc le coeur, voilà le but que vous devez par-dessus tout vous proposer ».

3. Sympathie, antipathie, bienveillance, estime, mépris, respect, enthousiasme, indignation, telles sont les « diverses expressions par lesquelles nous exprimons les divers sentiments de l'âme en présence de la vertu et du vice », chap. VII, p. 20.

4. A. Franck, *La morale pour tous*, *op. cit.*, p. 20.

connaissant ses droits et ses devoirs, sachant « agir par vraie bonté, sans calcul, par un sincère et profond sentiment du devoir ».

4) L'éducation morale entre passé et avenir

Paru également en 1880, soit peu avant la loi de laïcisation des programmes de l'école primaire, le manuel de Compayré est conçu dans un esprit nettement plus « moderne », tant par son allure pédagogique que par son orientation laïque. Divisé en quatre Livres suivis d'un lexique, il comprend aussi à la fin de chaque chapitre un résumé et des exercices. Il s'agit d'un manuel vivant où Compayré illustre les idées par des historiettes et un dialogue entre un maître et un élève imaginaires. Les éléments de morale et d'instruction civique sont mélangés : le Livre premier est consacré à « la famille et l'école » ; le Livre II à « La société et la patrie » ; le Livre III à « La nature humaine et la morale » ; le Livre IV à la « Société politique ». Le chapitre 1 du Livre III (« La Nature humaine ») reprend les principes de la métaphysique et de la morale spiritualistes : il commence par la connaissance de soi-même pour mettre en évidence le dualisme de l'âme et du corps, la liberté, la passion et l'habitude, la conscience morale, la distinction du bien et du mal, le bonheur et la vertu. Dans le chapitre 2 (« La Morale »), Compayré traite tout d'abord des devoirs envers soi-même en développant brièvement le thème de la lutte contre les passions et contre l'intérêt. Le passage obligé concernant les devoirs de justice et de charité figure dans les devoirs envers autrui, mais sous la mention entre parenthèses : « imité de M. Janet ».

Le fait le plus notable du manuel est qu'il ne traite pas des devoirs envers Dieu. Ceux-ci sont absorbés dans un chapitre intitulé « Les autres devoirs de l'homme », Compayré annonçant qu'il n'en parlera pas :

> la morale ne [peut] entrer dans le détail de toutes les obligations imposées à l'homme dans les diverses circonstances de la vie. Ce dont elle doit se préoccuper surtout, c'est d'éveiller la conscience personnelle, l'amour du bien et le sentiment du devoir, en laissant ensuite à chacun le soin de juger ce que sa dignité lui commande de faire [1].

L'homme n'est pas fait pour adorer Dieu, il est une personne, c'est-à-dire un être intelligent et libre, « fait pour la vérité, pour la vertu et pour le bonheur » [2]. Non seulement la morale peut se passer de la caution de Dieu, ses prescriptions étant « respectables et saintes » par elles-mêmes,

1. G. Compayré, *Éléments d'éducation civique et morale*, *op. cit.*, p. 132.
2. *Ibid.*, p. 133.

mais il n'y a pas de devoirs spécifiques envers Dieu : « la meilleure manière d'adorer Dieu est de pratiquer résolument les devoirs qu'il nous a imposés ». S'agissant de l'immortalité de l'âme, Compayré affirme très prosaïquement que l'âme *peut*[1] survivre au corps « comme l'habitant survit à sa maison qui croule »[2] (*sic*). Quant aux sanctions religieuses, il les présente de manière pour le moins fantaisiste en imaginant une situation où l'élève Georges verrait son père mourir sans qu'il ait eu le temps de lui témoigner sa reconnaissance. Georges n'a pas à s'inquiéter, dit son maître, car son père aura sa récompense dans l'au-delà : « Dieu s'acquittera des dettes de Georges », affirme Compayré. Le manuel de Compayré n'est ainsi pas seulement laïque, il apparaît aussi comme profondément irréligieux[3] tant les questions relatives à la religion sont traitées avec légèreté.

Au contraire, le manuel de Jules Steeg prend appui sur une approche de la laïcité en tous points compatible avec la dimension religieuse de la vie morale. Steeg fait paraître son *Instruction morale et civique* en 1882. Il était alors député de la Gironde. Dès la préface et de manière tout à fait explicite, Steeg prend acte du mouvement de sécularisation ayant amené à l'indépendance de la morale :

> Lorsque le catéchisme était la base de l'instruction, la morale était si intimement mêlée aux dogmes qu'on ne songeait pas à l'en détacher. On eût crié à la témérité et presque au blasphème. Aujourd'hui l'instruction religieuse est facultative ; l'éducation morale ne peut partager le même sort. Il n'est pas admissible qu'on puisse s'en passer.

L'éducation morale est ainsi devenue une priorité sur l'éducation religieuse dans une école dont le but est d'éduquer le futur citoyen d'une démocratie. Steeg articule précisément l'exigence d'une éducation morale laïque scolaire au principe démocratique : « En démocratie, où chacun a sa part de souveraineté et de responsabilité, il s'agit avant tout de se gouverner soi-même : or le véritable nom du gouvernement de soi-même, c'est la morale ».

Dans sa partie proprement morale, le manuel est typiquement spiritualiste, enracinant la morale dans une psychologie des facultés, mais proposant une idée de la vie humaine sur le modèle plus proprement

1. Souligné par nous.

2. *Ibid.*, p. 137.

3. Le manuel de Compayré a pu être considéré comme scandaleux. Voir en ce sens l'examen critique qu'un « catholique du Tarn » lui consacre : *Examen critique du livre de M. Gabriel Compayré, député du Tarn, Eléments d'éducation civique et morale*, par un catholique du Tarn, Albi, Librairie de la Semaine religieuse, 1883.

biranien des trois vies[1] et soulignant la supériorité de la « vie de l'esprit ». On y retrouve les thèmes de la lutte nécessaire contre les passions (avec les mêmes exemples), et le passage obligé sur les devoirs de justice et les devoirs de charité.

Mais le manuel diffère des autres dans sa manière d'expliquer le bien-fondé du principe laïque de l'école par rapport au principe que Steeg appelle, non pas « religieux », mais « ecclésiastique », selon l'usage de ce mot dans les milieux libéraux depuis 1830[2]. Les quelques pages consacrées à l'instruction publique sont de ce point de vue fort claires : « Les écoles laïques enseignent ce que tous les enfants sans exception doivent savoir, ce qui est commun à tous les hommes, quelle que soit leur religion »[3]. Suit un descriptif détaillé du dispositif d'instruction publique, des écoles maternelles jusqu'à la tête de l'Université. Dans le lexique de fin de chapitre figure l'adjectif « laïque » défini comme suit :

> c'est l'opposé du mot ecclésiastique. Laïque veut dire qui est du peuple, qui appartient au peuple. On dit les écoles *laïques*[4], dirigées par des instituteurs et des institutrices appartenant à la vie civile, par opposition aux écoles *congréganistes*[5], dirigées par des frères ou des sœurs appartenant à des congrégations religieuses.

L'inspiration protestante et libérale est sensible dans le chapitre concernant non les « devoirs envers Dieu », mais ce que Steeg appelle les « devoirs religieux ». Les deux formulations ne s'équivalent pas ; on le

1. « Vie animale, vie intellectuelle, vie morale », *op. cit.*, 1re partie, p. 25.

2. Sous la plume de Cousin, comme d'Edgar Quinet ou de Janet, « ecclésiastique » se distingue de « religieux » et est utilisé dans des circonstances où il s'agit de dénoncer la volonté d'emprise et d'hégémonie de l'Eglise catholique s'opposant à la liberté de penser ou de discours. L'usage de l'adjectif permet ainsi, dans toute la période de formation du libéralisme de distinguer « anticléricalisme » et « irréligion ». Voir par exemple Victor Cousin, *Discours prononcé à la Chambre des Pairs, dans la séance du 28 décembre 1838, sur la renaissance de la domination ecclésiastique, accompagné de pièces à l'appui*, Paris, Ladrange, 1839. Edgar Quinet, *De la liberté de discussion en matière religieuse. Discours prononcé au Collège de France le 10 mai 1843*, Paris, Imprimerie Lange Lévy et Comp., 1843. Le mot passera dans les formules des rénovateurs de l'enseignement primaire lorsqu'il s'agira de définir le principe de l'école laïque. Il est utilisé par Paul Janet dans le rapport qu'il fait au Conseil supérieur de l'instruction publique sur les programmes de l'enseignement moral dans les Écoles normales : « Pour nous et pour la langue française, le mot laïque ne s'oppose pas au mot religieux, mais au mot ecclésiastique ». Cf. *Revue pédagogique*, 1, 1881, p. 210. L'usage qu'en fait Steeg est ainsi tout à fait courant à ce moment-là.

3. 4e partie, chap. XLVII, p. 160.

4. En italiques dans le texte.

5. *Idem.*

comprend à la lecture du chapitre où Steeg propose une approche très personnelle de Dieu, de la religion et des devoirs qu'ils supposent : Dieu n'est pas présenté comme créateur, mais comme une « force cachée », une « raison suprême », un « auteur mystérieux de tout ce qui existe »[1]. Nous incliner, « pénétrés d'admiration et de reconnaissance [...], c'est ce qu'on appelle la religion ». La religion est un « sentiment intime, jaillissant du cœur de l'homme et écartant avec un soin jaloux toute autorité étrangère » ; rien ni personne ne peut donc s'interposer entre l'homme et Dieu ; entièrement ramenée au sentiment intérieur, la religion ne regarde que l'individu : « c'est une affaire entre Dieu et nous ». Les devoirs que Jules Steeg appelle « religieux » s'étendent bien au-delà de la frontière du culte confessionnel et même des devoirs dus à Dieu, pour tendre vers un humanitarisme dont la formulation s'adapte aux exigences de la communauté morale et spirituelle à venir ; ainsi,

> c'est un devoir religieux que d'étudier et d'admirer les œuvres de l'esprit humain, les beautés de l'art, les découvertes de la science, les progrès de la civilisation et d'y collaborer aussi, pour obéir à l'impulsion divine qui entraîne l'humanité[2].

Les devoirs religieux se rassemblent dans l'amour de l'humanité (aimer les hommes et les œuvres de l'esprit humain), amour qui nous commande un autre devoir religieux : « avoir confiance en l'avenir ». De la même manière que « ces devoirs nous sont personnels et ne regardent qui que ce soit en-dehors de nous-mêmes », nous n'avons pas « le droit de nous ingérer dans le culte des autres, de les contraindre à adorer ou à prier à notre façon. Tous les cultes sont libres et doivent le rester » ; « la persécution religieuse est un crime odieux »[3]. Tels sont les « devoirs généraux » de l'homme envers Dieu, les « devoirs spéciaux » relevant des dispositions de chaque confession et de leurs ministres. Ce sont des devoirs pensés comme communs à tous les hommes et qui transcendent les particularismes confessionnels, selon le vœu des programmes. Mais on constate que Steeg va bien au-delà de l'esprit des prescriptions officielles par le décentrement qu'il suggère de Dieu vers l'homme lui-même ; ce recentrement sur l'homme permettant de reformuler le principe du gouvernement de soi marque l'écart avec la tradition spiritualiste : dans ce dispositif laïque et religieux, l'homme est à lui-même sa propre autorité. Une telle approche

1. *Ibid.*, 2e partie, chap. XXXVII, p. 124.
2. *Ibid.*, p. 125.
3. *Ibid.*, p. 126.

suppose une conception déjà mûrie de la laïcité, de la morale laïque comme morale des temps modernes, et une vision de la religion entièrement dégagée de ses attaches dans l'autorité, la tradition et par conséquent le passé. La nouveauté de la religion telle que Jules Steeg l'esquisse, tient en ce qu'elle est tournée vers l'avenir de l'humanité, qu'elle est, selon la belle expression de Claude Lefort, « l'intelligence du nouveau »[1]. En cela, le manuel de Steeg est le plus moderne, le plus inspiré d'une forme de prescience démocratique.

Les manuels d'éducation morale d'inspiration spiritualiste ne sont ainsi pas exempts de tensions, de contradictions et de dissonances. Certains, comme celui de Gabriel Compayré, s'organisent autour d'un plus petit dénominateur commun. Dans d'autres manuels de morale, cependant, plus tardifs, Compayré a pu se montrer attaché aux principes de la morale spiritualiste, y compris dans leur dimension religieuse, plus soucieux d'orthodoxie[2]. Il a par ailleurs régulièrement soutenu le principe d'un besoin de religion dans l'instruction du peuple, « la religion [apportant] avec elle des secours extérieurs dont la faiblesse humaine ne peut se passer »[3]. Les doctrines de ces philosophes qui font carrière dans la pédagogie et l'éducation ne sont pas exemptes de vicissitudes internes. Le manuel de Paul Janet, au contraire, se présente comme un modèle de morale spiritualiste s'efforçant d'élémenter rigoureusement le savoir philosophique en vue d'en mettre les principes à la portée des jeunes élèves. De son côté, tout en recueillant les principales catégories de la morale spiritualiste, Henri Marion fait à Kant un emprunt marqué alors que le manuel d'Adolphe Franck diffère à peine d'un manuel d'éducation religieuse. Le manuel de Steeg, en dépit des concessions à la doctrine spiritualiste, est représentatif de la modernité religieuse et laïque, de cette « irréligion de l'avenir » que son ami Ferdinand Buisson appelait de ses vœux.

Directeur de l'enseignement primaire de 1879 à 1896 et inlassable « propugnateur » de la laïcité et de l'éducation morale laïque, Buisson ne s'est préoccupé que tardivement de l'écriture d'un manuel[4]. Aussi les programmes et prescriptions entourant ce domaine d'enseignement ne privilégiaient-ils pas le support du livre, mais préconisaient la méthode du

1. Voir C. Lefort, *Essais sur le politique*, *op. cit.*, p. 253.

2. Voir par exemple son *Cours de morale théorique et pratique*, Paris, Delaplanne, 1887.

3. Voir l'*Histoire critique des doctrines de l'éducation*; cité dans l'article d'Emile Boutroux, « Les récents manuels de morale et d'instruction civique », *Revue pédagogique*, 15 avril 1883, p. 289-342.

4. F. Buisson, *Leçons de morale*, Paris, Hachette, 1926. Voir *infra*, chap. IV.

« cœur au cœur » et la relation maître-élève. Cette méthode s'inscrivait en cohérence avec la méthode officiellement en vigueur au sein de l'école primaire rénovée, la méthode intuitive. Dans ce cadre, Buisson s'est tout particulièrement attaché à théoriser les conditions d'une intuition morale et religieuse ouvrant la possibilité à l'enfance populaire de l'accès au sacré et aux plus hautes sphères intellectuelles, morales et spirituelles.

ÉDUCATION ET INTUITION

Pour Buisson, il faut une pédagogie et une philosophie de l'éducation à la mesure de la tâche éducative. L'enjeu est d'importance : l'éducation morale laïque est le levier de la réforme des consciences, le moyen d'en finir avec l'emprise séculaire de l'Église catholique sur les âmes. Ainsi, en dépit de ses emprunts au spiritualisme philosophique, ne s'enferme-t-il jamais dans ses cadres, l'éducation morale requérant des ressources puisées ailleurs: dans la culture pédagogique mais aussi théologique. En pédagogie, Buisson ne craint pas de recueillir des influences diversifiées pourvu qu'elles convergent vers le même but : la tradition des pédagogues et réformateurs allemands, mais aussi américains, comme William Channing, Théodore Parker ou Horace Mann, l'humanisme de la Renaissance, le rationalisme kantien, la philosophie de Rousseau. S'il souscrit aux principes de la subordination des facultés inférieures aux facultés supérieures, du primat de l'esprit sur la matière, la conception de l'intuition morale et religieuse qu'il élabore dès 1878, au principe de la méthode d'éducation morale qu'il préconise pour l'école, dépasse le point de vue de la psychologie des facultés. L'intuition, en effet, n'est pas elle-même une faculté qu'il s'agirait de développer ; c'est une force *sui generis*, un « coup d'œil de l'esprit », un « élan spontané de l'intelligence vers la vérité » [1]. La notion d'intuition morale, en tant que l'intuition est une « aperception immédiate », « l'acte le plus naturel et le plus spontané de l'intelligence humaine » [2], suppose un enfant naturellement moral et donc naturellement bon. Il n'est pas marqué du sceau du péché originel et l'éducation morale en

1. Voir la Conférence sur l'enseignement intuitif, 31 août 1878, dans *Conférences et causeries pédagogiques*, Paris, Hachette, 1888, p. 3-31.

2. Ce sont les formulations que Buisson emprunte à Cousin. Voir notamment l'article « Intuition et méthode intuitive » du *Dictionnaire de pédagogie*, *op. cit.*, 1re partie, p. 1374-1377.

ce sens n'a pas à prendre la forme d'un dressage visant à corriger une mauvaise nature. La capacité spontanée de l'enfant à voir le Bien et le Mal doit constituer le point d'appui de l'enseignant dans l'éducation morale. Le *sens moral* de l'enfant n'a pas à être éduqué *ex nihilo ;* il doit être « éveillé » et éclairé.

Cette intuition morale est aussi une intuition religieuse au sens où Buisson entend le mot et la chose. Elle rend possible en effet le rapport immédiat de l'enfant à « l'infini et au divin », l'engageant dans un perfectionnement de soi dont le moteur est à chercher dans un idéal d'humanité. Il ne s'agit pas ici, comme dans l'éducation religieuse traditionnelle, de se rendre meilleur en vue d'un au-delà de la vie humaine. Une éducation morale digne de ce nom ne se contente pas non plus de l'obéissance ni de recettes de civilité puérile et honnête. La force de l'éducation morale réside dans la puissance de l'idéal. Cette force *sui generis*, c'est ce que Buisson appelle religion. Près de vingt cinq ans après la Conférence sur l'enseignement intuitif de 1878, cherchant à délimiter la place et le rôle spécifiques de la religion, de la morale et de la science dans l'éducation, Buisson définira la religion comme

> contact avec le divin, que le divin réside dans un fétiche ou dans un astre, dans les éclairs du Sinaï ou sur les sommets radieux de l'Olympe, dans l'immense nature ou dans une suprême personne vivante, ou enfin dans un dieu idéal saisi au fond de la conscience [1].

Et la méthode pour nous faire sentir « l'âme de la religion »,

> C'est la méthode intuitive, celle qui consiste en un simple élan de toute l'âme vers l'objet de son désir. Intuition du cœur et de l'esprit, acte primesautier d'intelligence immédiatement précédé par l'émotion, immédiatement suivi par l'action, sans qu'à vrai dire tous ces éléments se démêlent, tant un même effort les associe et les confond [2].

Ainsi l'intuition morale est-elle intimement religieuse et le moyen d'un rapport immédiat de l'enfant au sacré. Cultiver ce rapport est une nécessité vitale dans une démocratie, estime Buisson, un « luxe » que « la démocratie ne [peut] se retrancher sans périr » [3]. La démocratie, en effet, ne peut survivre sans idéal, elle est elle-même synonyme d'idéal de Justice, de liberté.

1. Voir F. Buisson, *La religion, la morale et la science. Leur conflit dans l'éducation contemporaine*, Paris, Fischbacher, 1901, 1re conférence, p. 16.
2. *Ibid.*, p. 17.
3. Voir la Conférence sur l'enseignement intuitif, 31 août 1878, dans *Conférences et causeries pédagogiques*, Paris, Hachette, 1888.

Livrée au matérialisme et à l'égoïsme, elle n'est plus digne du nom de démocratie. C'est la conception d'une « démocratie religieuse » que Buisson fait valoir implicitement, dont il incombe à chaque citoyen de maintenir l'idéal vivant.

Ainsi l'éducation morale laïque est-elle pour Buisson le moteur du combat pour le triomphe de la liberté et de l'idéal démocratique. Il se démarque en ce sens du spiritualisme d'école pour se faire le héraut d'un spiritualisme prophétique annonciateur de la démocratie à venir.

CHAPITRE IV

UNE ÉDUCATION POUR LA DÉMOCRATIE ?

La conception de la religion de l'avenir que Buisson ne cesse d'affirmer tout au long de sa vie est cohérente avec l'approche des devoirs religieux que fait valoir Jules Steeg dans son manuel. Dans le nouveau cadre théologico-politique qui est le leur, la laïcité ne peut pas se définir comme irréligieuse. Elle est au contraire profondément religieuse de même que la morale qu'elle inspire et qu'elle rend nécessaire. L'appartenance de Buisson et Steeg à la mouvance du protestantisme libéral n'est pas étrangère à ces accents modernes, l'engagement républicain des protestants ainsi que leur rôle dans la promotion de l'idée et de la morale laïques n'étant plus à démontrer[1]. Reste à mieux comprendre l'intelligence de la démocratie qui semble avoir été sa dynamique propre engageant une prise de distance à l'égard du spiritualisme philosophique officiel. Dans le spiritualisme philosophique dont Paul Janet livre l'expression la plus fidèle et la plus constante, à partir des cadres fixés dans le cousinisme, la psychologie, l'observation de l'homme intérieur conduisent à l'idée et à l'existence de Dieu[2]. C'est ainsi la restauration de l'idée de Dieu dans la philosophie et la

1. Voir en particulier P. Cabanel, *Les protestants et la République de 1870 à nos jours*, Paris, Editions Complexe, 2000; *Le Dieu de la République. Aux sources protestantes de la laïcité (1860-1900)*, *op. cit.*

2. C'est ce que résume fort bien Paul Janet dans un article consacré à la philosophie religieuse d'Emile Saisset: Saisset, dit-il professe et expose la « doctrine de toute l'école spiritualiste. » Cette doctrine, « c'est que l'existence de Dieu est une vérité première, une vérité d'intuition, et que les preuves que l'on en donne ne sont que les diverses analyses du mouvement naturel de l'esprit qui, dans toutes les catégories de la pensée, nous porte du fini à

morale qui l'intéresse davantage que la question de la religion comme modalité de l'être ensemble, *a fortiori* de l'être ensemble démocratique. C'est au plan philosophique que Janet pose les conditions de l'unité du genre humain, de la liberté, de l'égalité. À ses yeux, la réponse est à chercher dans l'unité morale de l'homme, une unité dont Dieu, *in fine*, est le garant. En revanche, autre est le point de vue de Steeg : son point de départ est la religion comme modalité de l'être ensemble ; il ne s'agit pas d'en supprimer le principe, bon en lui-même, mais d'appeler à sa nécessaire transformation, la religion seule, en effet, fournissant un modèle à la fois spirituel et universel du vivre ensemble.

Plus de quarante ans après l'introduction de l'éducation morale laïque dans les programmes de l'école primaire, Ferdinand Buisson fait paraître un manuel de morale destiné aux élèves de l'école primaire[1]. On peut dire que ce manuel est indéniablement en résonance avec le spiritualisme philosophique, par l'éloge qu'il fait des facultés supérieures de l'homme, la volonté, l'esprit, la conscience, par le principe d'un gouvernement de soi conquis sur les passions, et l'aspiration au vrai, au beau et au bien comme idéal supérieur de l'humanité[2]. Mais il rompt aussi avec le spiritualisme par bien des aspects : la doctrine sociale de *Justice et Charité* a fait place à la doctrine de la solidarité universelle dans l'espace et dans le temps, inspirée de Léon Bourgeois ; le dévouement n'y a pas la place qu'il occupait dans la morale spiritualiste : si Buisson aborde la question du sacrifice suprême, le sacrifice de sa vie, c'est moins comme dépassement nécessaire du devoir requis de tout un chacun, que comme conduite héroïque renvoyant autant à l'enfant qui respecte son serment au péril de sa vie, au soldat qui sacrifie la sienne pour la patrie, à la nourrice périssant dans les flammes pour sauver les enfants confiés à sa garde[3].

Mais c'est aussi dans la dimension religieuse de la morale que le manuel de Buisson se sépare du spiritualisme philosophique. Pourtant publié à un moment où les devoirs envers Dieu ont été supprimés des programmes de l'école primaire[4], Dieu et la religion font l'objet d'un

l'infini ». Voir Paul Janet, « Une nouvelle défense du spiritualisme », *Revue des Deux Mondes*, mai-juin 1862, p. 1033-1037.

1. Voir F. Buisson, *Leçons de morale*, Paris, Hachette, 1926.

2. *Ibid.*, 19e leçon : Aimes-tu ces trois choses, le bien, le vrai, le beau ?

3. Voir la 25e leçon : Sais-tu que l'effort doit aller jusqu'au courage et le courage jusqu'à l'héroïsme ? Et la 26e : Sais-tu ce que c'est que d'avoir du courage ?

4. La partie concernant les « Devoirs envers Dieu » a été supprimée des programmes rénovés de 1923 présentés comme plus simples et plus concis. Mais les dispositions des programmes de 1887 concernant cette dimension de l'éducation morale sont intégralement

développement dans une leçon consacrée à l'idéal[1]. Cette leçon est probablement l'une des plus personnelles du manuel. Buisson y fait l'éloge de l'idéal, dépositaire du sacré, force qui gouverne les actions, le cœur et l'esprit de ceux qui le possèdent. Avoir un idéal, c'est avoir un but, une règle, une espérance. Un idéal est l'âme d'une vie entière. C'est « au lieu de descendre toujours, toujours monter, toujours plus haut »[2]. Cet idéal se décline dans les trois dimensions de l'existence humaine que sont la science (le Vrai), l'esthétique (le Beau) et la morale (le Bien). Le Vrai, le Beau, le Bien sont les catégories du spiritualisme philosophique mises à l'honneur par Victor Cousin et devenues, avec le temps, le symbole d'une philosophie bien pensante soucieuse de ménager la susceptibilité du clergé catholique. Buisson, cependant, leur réserve une place toute autre que celle que leur avait accordé la métaphysique populaire de Cousin. Ce sont trois dimensions d'un même idéal qu'il considère comme sacré et qui trouvent leur unité dans les notions d'infini, de divin, mais aussi dans l'idée de Dieu. Dieu, en effet, n'est qu'un nom, ce dont atteste l'histoire des religions. Du fétichisme au monothéisme, toutes ne se représentent pas Dieu de la même manière, mais elles nomment toutes « Dieu » l'idéal auquel elles aspirent. Dieu n'est que le « symbole » de l'« éternel idéal » de l'humanité. Tout en pensant croire à un Dieu différent, toutes les religions ont en commun l'aspiration au même idéal. Quand les hommes ne nomment pas « Dieu » cet idéal, ils l'appellent Justice, Bonté, Vérité, Raison, Amour. Mais en réalité, ils parlent de la même chose. « Toute foi à l'idéal est une forme de la foi en Dieu ». Ainsi la religion n'est pas l'affaire des confessions ; elle est l'affaire de l'humanité à la poursuite d'un idéal.

Tout au long de sa carrière, Buisson a maintes fois théorisé cette approche des religions et de l'idée de Dieu. Elle est au cœur de son idéal laïque et religieux. Elle est aussi au principe de la conception qu'il se fait de l'« éducation intégrale » dont il avait livré la substance dans son étude parue en 1901 sur les rapports entre la religion, la morale et la science et leur place dans l'éducation :

cités, pour n'avoir « rien perdu de leur sagesse ». « En les suivant, nos instituteurs et nos institutrices prendront soin d'éviter tout ce qui risquerait d'apparaître comme une violation de la neutralité. Et ils n'oublieront pas qu'en ces matières la conscience publique est devenue, depuis quarante ans, de plus en plus scrupuleuse. » Ainsi, les « Devoirs envers Dieu » ont-ils disparu de la lettre des programmes, mais non de leur esprit.

1. 20e leçon : As-tu un idéal ?

2. *Ibid.*, p. 94.

> L'éducation intellectuelle intégrale suppose, par-delà le fini que la science étudie, l'infini qui lui échappe. L'éducation morale intégrale suppose, au-dessus de la plus haute moralité, un idéal de perfection morale qui la dépasse (on en dirait autant pour l'éducation esthétique). Ni cet infini n'est accessible à la science, ni cet idéal accessible à l'activité humaine, mais l'un et l'autre servent d'abord à nous marquer le sens dans lequel nous devons marcher, ensuite à nous prémunir contre l'illusion d'avoir atteint le but et fermé le cycle de l'effort soit intellectuel, soit moral – soit esthétique[1].

Cette approche religieuse et laïque de l'éducation de l'homme complet puise sa source dans la lecture des grands réformateurs protestants dont Buisson est nourri, non dans le spiritualisme d'école. La formation de l'idéal moral laïque est chez Buisson indissociable d'une réflexion incessante sur la modernisation de la religion, processus nécessaire pour que s'affirme l'idéal des temps nouveaux. La culture protestante de Buisson a joué en la matière un rôle décisif.

LE PROTESTANTISME, « RELIGION DES TEMPS MODERNES » ?

La question du rôle du protestantisme dans la société s'inscrit dans l'interrogation plus générale sur la place de la religion dans la société moderne, question au cœur des évolutions du spiritualisme philosophique comme des inquiétudes de la société post-révolutionnaire. Mais c'est l'ouvrage d'Edgar Quinet, *La Révolution*, paru en 1865 qui est à l'origine d'un débat public sur le protestantisme et sa vocation à répondre aux besoins des sociétés modernes. Si la Révolution, en effet, a échoué dans la Terreur et dans l'absolutisme impérial, affirme Quinet, c'est qu'elle a fait une révolution politique et sociale sans avoir accompli de révolution religieuse, laissant intact le catholicisme, ennemi par nature des idées modernes. D'où l'idée que la France a manqué le moment de sa révolution religieuse et le regret qu'elle ne soit pas devenue protestante au XVIe siècle[2].

1. F. Buisson, *La religion, la morale et la science, leur conflit dans l'éducation contemporaine*, *op. cit.*

2. Voir E. Quinet, *La Révolution ; précédée de la critique de la Révolution* [1865], Paris, Librairie Hachette et Cie, 14e édition, 1876, t. III, Livre vingt-quatrième, en particulier les chap. VIII et IX.

La nécessité, sinon d'une révolution, du moins d'une réforme religieuse, est à l'origine de l'engagement de Buisson, Pécaut et Steeg contre les orthodoxies religieuses. Interprètes d'un christianisme libéral, dans le sillage des thèses du réformateur suisse Alexandre Vinet, relayées aux États-Unis par les ministres de l'Église unitarienne américaine William Channing et Theodore Parker, ils incarnent un protestantisme libéral dissident, œuvrant à la limite, puis en marge de sa communauté religieuse d'origine. Ce libéralisme religieux, ce que Clarisse Coignet a appelé, parlant de Ferdinand Buisson, ce « spiritualisme chrétien »[1], cherche à concilier religion et liberté, mais aussi religion et démocratie. Au moment même où le spiritualisme philosophique évolue vers un théisme philosophique au principe d'une religion du sens commun, Buisson, Pécaut et Steeg cherchent à faire valoir les droits d'un théisme chrétien au principe d'une religion populaire.

Théisme chrétien et religion populaire

La forme prise par ce christianisme libéral dans la réflexion de Pécaut est celle d'un « théisme chrétien »[2]. Pécaut le présente comme n'étant ni une philosophie, ni une théologie, ni une tradition, ni un éclectisme confus, ni même un « résidu obtenu par voie de décomposition ». Ce théisme, c'est « l'esprit chrétien lui-même », qui peut être approché quand on a « supprimé le fait surnaturel de l'Église elle-même ». Le théisme est pensé comme une évolution inévitable du protestantisme inconséquent avec lui-même, ayant maintenu la Révélation et l'Incarnation en dépit du bannissement du surnaturel impulsé par la Réforme. Pécaut voit le théisme se frayer un chemin au sein du protestantisme tant dans les églises sociniennes, dans l'unitarisme de Channing, que dans les écoles de théologie rationaliste comme celle de Rousseau. La pointe ultime, celle du théisme qu'il préconise, consiste à « bannir le surnaturel du dernier refuge, à savoir l'histoire évangélique et la vie même de Jésus ». Mais Pécaut admet que le spiritualisme philosophique, à sa manière, s'est développé dans la même direction. Il est donc temps que les deux mouvements se rejoignent.

Ce théisme professe que l'homme est appelé à la sanctification en tirant de lui-même l'idéal humain, « copie de l'idéal divin ». C'est le repentir, forme première de la conscience, qui produit cette sanctification. Pour

1. Dans *Où allons-nous ?*, *op. cit.*

2. Voir F. Pécaut, *L'avenir du théisme chrétien considéré comme religion*, Paris, Cherbuliez, 1864.

Pécaut, le complément de cette force de repentir ne peut donc être que l'humilité, en tant que celle-ci est le fondement de la charité. Ce théisme est chrétien en ce que « nous l'avons appris de Jésus-Christ ». Il n'y a donc pas, pour Pécaut, une morale révélée et une morale naturelle qui se compléteraient. C'est dans et par la conscience que la croyance en Dieu et l'aspiration au Bien se manifestent. On peut s'évertuer à chercher dans la nature les traces de Dieu, mais c'est dans le domaine moral que la voix s'entend : « une voix intérieure me crie avec autorité : poursuis l'idéal de toi-même en le rattachant à l'Idéal suprême ». À l'opposé d'un dogmatisme, le théisme « laisse ouvertes » les questions relatives à la création, l'origine du mal, ou encore la liberté ; il prône la foi en Dieu sans le secours de la théologie. C'est là sa faiblesse, mais aussi sa force, selon Pécaut : pour ne pas concéder au dogme, la dynamique de ce théisme requiert de « se retremper sans cesse à la source vive de la conscience ». Dieu est ainsi rendu vivant par une révélation continue et non pas, pense cet ancien pasteur critiquant les bases du dogme, par une unique Révélation an-historique et surnaturelle. Ce n'est pas la religion des savants, c'est la religion des simples. Elle est chrétienne car reposant sur l'idéal de la Croix « symbole de la vertu moderne ». La Croix ne signifie pas seulement le « sacrifice de l'intérêt particulier à l'intérêt commun », mais « l'abaissement volontaire en faveur de notre semblable, le sacrifice de ce qu'on a de meilleur ». Le théisme tient pour siens le Sermon sur la montagne, les paraboles du Semeur, du Pharisien et du figuier stérile, de l'Enfant prodigue. Mais il recueille aussi tous les livres qui « exposent les plus pures manifestations de l'idée de Dieu », comme la philosophie grecque, les récits druidiques, les textes bouddhiques, etc. Pour ce qui concerne l'instruction religieuse, Pécaut voit bien qu'elle sera rendue plus difficile en l'absence de l'autorité des dogmes d'une histoire sainte révélée. Mais la véritable instruction religieuse a en réalité un but moral : elle se sert des textes bibliques « comme d'un texte ou d'un simple moyen pour éveiller dans ses élèves le goût du bien, le sentiment de Dieu, la honte du mal ». Il s'agit de rendre le dogme pratique et assimilable, dans le but d'éduquer la conscience. L'éducation de la conscience est conjointement ouverture à la morale et à la religion, rendant sensible dans une même dynamique « le sentiment de Dieu et du devoir ».

Le théisme marque l'évolution du protestantisme vers un moralisme que Pécaut revendique comme protestantisme « libéral » et qu'il considère comme le mieux adapté aux idéaux et aux valeurs de la modernité en marche. En témoigne le long article qu'il fait paraître au même moment dans l'une des revues du protestantisme libéral *Le disciple de Jésus-Christ*[1], dans lequel il s'interroge sur le rôle que peut jouer le protestantisme dans une France acquise aux idéaux et aux valeurs modernes. Cette question le conduit à esquisser dans ses traits généraux l'état de l'opinion publique en France à l'égard de la religion. Les aspirations de la France moderne, note-t-il, sont à la fois religieuses, libérales et marquées par un besoin « profond » et « légitime » de vérités scientifiques, de vérités d'expérience. S'agissant des premières, la France n'est pas plus catholique que matérialiste ou impie. Un regain du culte extérieur s'observe, mais, constate-t-il comme à regret, la « croyance intime est fort en arrière de la pratique extérieure »[2]. De plus, l'état de l'opinion au regard de la religion est fortement clivé par la différence entre les femmes et les hommes : les femmes restent fidèles à l'Église et au dogme, les hommes, non. La raison de ce décalage tient à l'éducation « étroite » et « isolée » des femmes, alors que leur éducation « plus large » et l'« esprit général de leur temps » ont éloigné les hommes de la croyance à l'Église et au dogme. En somme, les hommes pratiquent davantage « par imitation » que par conviction. Sont-ils encore chrétiens ? Pas au sens de l'allégeance aux dogmes de l'Église catholique : ils sont libéraux, fils de la Révolution et de Descartes, « disciples du bon sens » et ne sont plus capables d'avoir foi dans des dogmes comme celui de l'infaillibilité du pape, ni de croire à la transubstantiation de l'hostie consacrée. Ils ne sont pas davantage chrétiens si l'on entend par ce mot la foi à la divinité de Jésus-Christ, à sa vie miraculeuse, à l'expiation, etc. L'histoire évangélique est devenue à leurs yeux une histoire comme toutes les autres, c'est-à-dire « naturelle » et « humaine ». Ils applaudissent à la critique religieuse tout en aimant y trouver la vénération pour les choses saintes. « Seraient-ils donc spiritualistes ? », se demande Pécaut. Oui et non ;

> oui, si l'on entend par spiritualisme le pressentiment vague de l'Être absolu, de l'unité de l'univers, des destinées éternelles de l'homme ; non, si l'on veut parler d'une doctrine définie, comme par exemple celle du déisme.

« Ne pas croire, ne pas douter leur répugnent également. Telle est la disposition générale » dont l'effet est de se rattacher à l'Église par habitude ; d'autant que le déisme de Rousseau et des théophilanthropes est en

1. F. Pécaut, *De l'avenir du protestantisme en France* (Extrait du *Disciple de Jésus-Christ*), Paris, Cherbuliez, 1865.

2. *Ibid.*, p. 4.

retrait et que l'école de philosophie spiritualiste, en dépit de ses efforts « pour entrer sur le terrain pratique », n'a pas su sortir du cercle restreint du « petit nombre d'esprits réfléchis ».

Dans la tendance irréligieuse de la philosophie positive, Pécaut ne voit pas une menace (« … ce n'est pas une semblable doctrine qui menace de triompher en France », pense-t-il). Il voit au contraire dans cette aspiration aux vérités d'expérience la chance de la religion et plus précisément de la foi aspirant à « correspondre à la réalité », à « y trouver sa confirmation »[1]. L'heure n'est plus à accorder la foi et la raison, mais à concevoir la foi comme la vérité, c'est-à-dire comme « la connaissance de ce qui est ». Ce besoin de « tenir compte de la réalité tout entière », de « vivre enfin en pleine vérité d'expérience » est aux yeux de Pécaut le dernier moment de la lutte de « l'esprit séculier » contre « l'esprit sacerdotal », du principe de la liberté contre celui de l'autorité. C'est dire si le positivisme a une utilité : il nous oblige à « fonder la foi sur le vif », sur la « réalité accessible à tous »[2].

Le positivisme, par sa méthode, est ainsi une chance pour la religion : il pousse à orienter la foi en direction de ce que Pécaut définit comme « expérience morale » qui n'est pas différente de l'expérience religieuse, si l'on entend par là, suivant les voies ouvertes par le mouvement du Réveil[3], le « perfectionnement de la personne morale », « vocation sainte entre toutes » répondant à une « une loi d'immense portée », à savoir « qu'il

1. F. Pécaut, *De l'avenir du protestantisme en France*, *op.cit.*, p. 6-7.

2. *Ibid.*, p. 8.

3. La notion d'*Awakening* ou de réveil caractérise un mouvement religieux spécifique, quoique non homogène, aux XVIIIe et XIXe siècles. En Allemagne, le terme *Erweckung* s'applique déjà au renouveau religieux qui se produit sous l'influence de Philipp Jacob Spener (1635-1705) et se poursuit avec le piétisme morave développé par Nikolaus von Zinzendorf (1700-1760). Le revivalisme anglo-saxon, du moins celui de John Wesley (1703-1791), porte la marque du piétisme germanique dans lequel il puise son inspiration première. Au départ, il s'agit de réveiller une Eglise anglicane trop inerte et dépourvue de vitalité spirituelle véritable. Dans le réveil suisse et français, sous l'impulsion de César Malan (1787-1864), Henri Pyt (1796-1835) et Ami Bost (1790-1874), le souci majeur est toujours d'insuffler une foi vivante et missionnaire dans une piété trop formelle. En dépit de leurs divergences, la plupart de ces Réveils insistent sur l'autorité stricte de la Bible et la doctrine expiatoire du Christ. L'expérience religieuse est déterminante : la conversion du cœur et la réception émotionnelle de la justification se tiennent dans un rapport de simultanéité avec la régénération qui devient le moteur de la vie individuelle et communautaire des convertis. Le Réveil est à l'origine d'un grand nombre de sociétés d'évangélisation et d'œuvres diaconales novatrices au regard de l'éducation, de la santé et des problèmes sociaux. D'après Laurent Gambarotto, article "Reveil" dans P. Gisel (dir.), *Encyclopédie du protestantisme*, Paris-Genève, Cerf-Labor et Fides, 1995.

n'y a de religieux que ce qui est moral, ce qui se justifie aux yeux de la conscience, ce qui est bon et vrai en soi »[1].

Dans ce paysage marqué à la fois par l'affaiblissement du christianisme et l'échec d'une philosophie élitiste à remplir l'office d'une religion de substitution, il y a place pour une religion populaire, d'autant que le propre des temps modernes est aussi le besoin de réformes sociales auquel les courants « humanitaires » ont vainement tenté de répondre. Le protestantisme a dans cette perspective un rôle à jouer en France, et quelque chose à donner « que ne donne pas la philosophie », s'il parvient à s'imposer comme « religion de l'esprit ». Seul, toutefois, le protestantisme libéral est susceptible d'évoluer en ce sens, le trait commun rassemblant les tendances libérales étant de voir dans le surnaturel une question secondaire, et à faire reposer la foi, la vie morale, la démonstration du christianisme « sur la libre adhésion de l'âme à la vérité religieuse, telle qu'elle a resplendi avec un éclat exceptionnel en Jésus-Christ »[2]. Sa force est de « fonder la foi sur la conscience humaine »[3]. Par là, Pécaut le croit « en accord avec l'esprit moderne, « propre à remplir un rôle prépondérant dans l'œuvre de la régénération religieuse et populaire ». Apportant avec lui la puissance de la tradition, des habitudes religieuses, une discipline morale, « l'art d'instituer les âmes à l'aide de leur énergie propre, de les accoutumer au gouvernement d'elles-mêmes »[4], le protestantisme libéral peut se développer en Église universelle, appuyée sur la tradition chrétienne tout en étant ouverte à la nouveauté des besoins moraux et sociaux du présent. Mieux que ne saurait le faire un « théisme d'école », il serait par là le mieux à même de régénérer le christianisme, d'en faire l'inspiration intime de la démocratie, d'une éducation visant le gouvernement de l'âme par elle-même.

Pécaut estime, cependant, que les conditions ne sont pas encore réunies pour voir l'avènement de cette « religion de l'esprit » ; pour « triompher », elle doit œuvrer à être encore plus « franchement et hautement libérale ». D'où l'appel aux laïques à se mêler à la lutte. Elle doit aussi se rattacher à la tradition chrétienne en ce qu'elle a de vivant, de fécond, d'impérissable, faire valoir la supériorité morale du christianisme, sa capacité à répondre aux « aspirations immenses de l'âme ». Quand le protestantisme

1. F. Pécaut, *De l'avenir du protestantisme en France*, *op. cit.*, p. 29.
2. *Ibid.*, p. 23.
3. *Ibid.*, p. 45.
4. *Ibid.*, p. 45.

> saura ce qu'il veut, quand il rattachera hardiment à sa tradition une idée de l'homme plus religieuse (sans cesser d'être réelle), une idée de Dieu et de ses manifestations plus conforme à l'ordre reconnu des choses, le cours de ses victoires recommencera. Présentons un type de l'homme plus vrai, plus pur, plus homogène, plus en rapport avec les conditions agrandies de la civilisation[1].

« Le monde est visiblement en travail pour enfanter un idéal nouveau » qui a vocation à se réaliser en France dans la religion morale ou dans la morale religieuse issue du protestantisme.

La distance avec le spiritualisme philosophique est ici manifeste. Ce qui lui manque, estime Pécaut, c'est une vocation pratique. Il reconnaît à Edgar Quinet d'avoir formulé le premier la « nécessité d'aboutir à quelque chose de pratique en matière d'éducation et de culte », l'époque oscillant entre des théories généreuses, mais « purement spéculatives », et une religion condamnée par les idées modernes, « mais merveilleusement armée pour l'action »[2]. Entre ces deux opposés, le protestantisme libéralisé peut remplir cet office pratique dont la société a besoin, mais à condition qu'il touche les masses, qu'il puisse amener à lui d'abord tous les chrétiens, quelle que soit leur confession, ensuite, tous les hommes, quelles que soient leurs opinions. C'est là le sens de la religion populaire dont le protestantisme libéral est à même de proposer la formule. Il ne s'agit pas ici de reconduire le partage institué dans le cousinisme entre la liberté pour quelques-uns et la croyance religieuse pour la masse, ni celui institué dans les religions établies, entre les clercs et le *laos*, entre un clergé dépositaire de la vérité du dogme et un peuple obéissant et soumis. Il s'agit de donner la formule d'une religion « éclairée », une religion dont le premier article de foi serait la liberté de penser et de conscience, le libre examen. Ainsi peut-elle se faire institutrice du peuple.

La religion, institutrice du peuple

Cette religion de l'avenir dont le protestantisme porte la promesse est ainsi démocratique à un double titre : parce qu'elle favorise le développement de la liberté de l'individu et l'égalité entre les hommes, tous les hommes étant égaux par la conscience ; parce que c'est une religion universelle, une religion qui s'adresse à tous les hommes.

1. F. Pécaut, *De l'avenir du protestantisme en France*, *op. cit.*, p. 55.

2. Lettre de Félix Pécaut à Edgar Quinet, citée dans P. Cabanel, *Le Dieu de la République*, *op. cit.*, p. 30.

Pour Steeg, le protestantisme est par lui-même apte à remplir ce rôle dans la société. Le protestantisme n'est pas en effet une religion du passé ; c'est au contraire une religion neuve, écrit-il dans le *Disciple de Jésus-Christ*[1], entendant par là une religion qui a rompu avec l'autorité et la tradition. Il repose en effet sur le principe de « la souveraineté de la foi individuelle, substituée à l'autorité de la foi collective » ; c'est là le principe nouveau, fondamental, la raison d'être du protestantisme »[2]. Ces traits font du protestantisme une religion « éminemment laïque » parce qu'elle est « le partage de tous, sans distinction d'origine ou de fonctions ». Il ressort de là que le protestantisme est la « vraie religion », la « religion des temps modernes », qu'il est « de tous les temps », que la piété protestante est « essentiellement laïque, démocratique, profondément humaine », pourvu qu'elle se dépouille de tout « caractère ascétique et monacal »[3]. Tout comme Pécaut, Steeg revendique la méthode des sciences expérimentales au nom du privilège de « l'expérience religieuse », seule garante de la foi. Il est dans l'intérêt de la religion de faire progresser la science et de la populariser. Répondant à sa vocation pratique, la mission du protestantisme est ainsi fondamentalement une mission d'éducation : « ouvrons les portes de l'Église, dit Steeg, « faisons d'elle une vaste école d'enseignement mutuel où auront accès tous ceux qui veulent avec nous marcher à la suite du Christ »[4]. « Nous avons à enseigner à nos concitoyens, et pour cela nous avons à pratiquer nous-mêmes la piété intelligente et libre, l'indépendance spirituelle, la spontanéité du jugement et de la volonté, le gouvernement de soi-même par soi-même, qui est le caractère du vrai protestant ». Le protestant est ainsi le mieux à même de relever, par la religion et par la liberté, la dignité morale du peuple.

Steeg doute que la France devienne jamais protestante, mais il estime qu'il y a quelque chose de mieux à souhaiter, que se répande l'« esprit éternel » que le protestantisme représente, l'« esprit religieux, scientifique et libéral ».Tout comme Pécaut, Steeg en appelle à une évolution des institutions protestantes dans un sens de plus en plus libéral. Plus elles seront libérales, « mieux elles répondront aux besoins de notre siècle, à l'essence et à la mission du protestantisme ». Humaniser le divin, tel est le projet

1. J. Steeg, *De la mission du protestantisme dans l'état actuel des esprits* (rapport lu aux congrégations pastorales fraternelles de Paris le 7 mai 1867), Paris, Librairie de la Suisse romande, 1867.

2. *Ibid.*, p. 18.

3. *Ibid.*, p. 35.

4. *Ibid.*, p. 38.

de ce théisme chrétien recentré sur l'humain, sur la conscience de l'individu. Si la même dynamique préside au spiritualisme philosophique, la conception de la conscience arrimée au protestantisme libéral n'est pas comprise à la manière de l'école spiritualiste, de manière psychologique et statique, comme faculté de l'âme, mais plutôt, dans la filiation de Schleiermacher[1], comme foyer originaire et dynamique à partir duquel l'individu est de toute nécessité *relié* à une communauté morale, politique et sociale. Dans ce théisme, Dieu n'a pas valeur à proprement parler instituante dans la mesure où il est une révélation continue de la conscience ainsi vouée à se tirer constamment en-dehors d'elle-même. La conscience est ainsi toujours intériorité et extériorité, en ce sens qu'il est de sa dynamique propre d'être historicisée, ou mieux, mondanisée, Dieu n'étant que le symbole d'un idéal moral à réaliser dans le monde, dans l'histoire. La conscience a en revanche une valeur hautement instituante dans ce dispositif qui prescrit moins l'appartenance à soi-même, comme dans le spiritualisme philosophique, que plus précisément le « gouvernement de soi », autrement dit la tâche concrète, pratique et continue de se conduire suivant l'idéal moral compris lui-même comme étant constamment en progrès. Dans ce modèle religieux, démocratique et laïque, c'est la force motrice morale qui fait le chrétien, non l'allégeance à des dogmes, ni l'appartenance à une communauté particulière. Ce chrétien est animé d'une « foi spirituelle », explique Buisson dans le *Christianisme libéral*, paru en 1865. Une foi qu'il tient de sa croyance en l'exemplarité du Christ attesté par sa seule conscience, une foi distincte de la « foi dogmatique ». Il n'est nullement besoin de chercher les principes d'une éventuelle révolution religieuse dans une nouvelle théologie ; l'œuvre évangélique du Christ est à elle-même une révolution. C'est pourquoi, il suffit de « revenir à Christ »[2], la véritable réforme religieuse tenant à l'individu lui-même, à sa bonne volonté, à l'effort qu'il consent pour suivre la vocation du Christ, à la responsabilité du gouvernement de soi, non à la transformation d'un corps de doctrine. La théologie est au contraire un obstacle à cette révolution morale et religieuse parce qu'elle accuse le fossé entre les clercs et le *laos*, empêchant l'individu de recueillir le message du Christ dans sa simplicité et sa vérité ; mais aussi parce qu'elle compromet la vocation pratique du

1. Référence centrale de ces protestants libéraux. Voir en particulier F. Schleiermacher, *De la religion. Discours aux personnes cultivées d'entre ses mépriseurs*, [1799], trad. B. Reymond, Paris, Van Dieren Editeur, 2004.

2. Sans l'article.

christianisme. Ce siècle en a fini avec la théologie, estime Buisson, il veut des actes.

Le projet d'une Église libre dont Buisson est à l'origine en 1869-1870 à Neuchâtel, alors qu'il est en exil, s'inscrit dans cette perspective. C'est une Église universelle ouverte à tous ceux, y compris les athées, qui souhaitent poursuivre un même but, une « commune amélioration spirituelle ». La vocation pratique du christianisme abolit ainsi les frontières érigées par tous les clergés (savants, philosophes, théologiens), toutes les écoles (« théisme, panthéisme, supranaturalisme, positivisme, matérialisme ou tout autre système »), frontières inutiles et impuissantes à rassembler les hommes dans un même culte : le culte du bien et l'amour de l'humanité. Si Buisson a choisi de créer une Église et non de s'affilier à une école de pensée, c'est précisément pour atteindre « le peuple, les familles, la masse des populations » que les formules abstraites n'atteignent pas[1].

La figure du chrétien telle qu'elle est portée par Buisson dès les années 1860, est celle d'un individu émancipé des dogmes et des allégeances, animé d'une foi dans le Bien, seule source du progrès individuel et social. Cette foi est religieuse tout autant que laïque si l'on retient la définition que donne Buisson de la religion dans sa correspondance avec Charles Wagner : il n'y a qu'une religion, c'est la « religion du Bien » ou « la religion de l'esprit aspirant à remplir sa fonction d'esprit à savoir le vrai, à aimer le beau, à faire le bien, ce dernier terme pouvant résumer les deux autres »[2]. Elle est laïque car elle est la base de la communauté humaine comme communauté d'esprits libres. En ce sens, elle exige de mettre fin à la domination du plus grand nombre par quelques-uns, d'en finir avec tous les clergés.

Plus de quarante ans après l'Union pour le christianisme libéral et son éphémère Église, c'est ce qu'explique Buisson à l'article « Laïque » du *Nouveau Dictionnaire de pédagogie et d'instruction primaire*[3]. L'antonyme le plus direct de laïque, explique-t-il, ce n'est ni « ecclésiastique, ni religieux, ni moine, ni prêtre » : « c'est le mot clerc ». Les clercs sont ceux qui font partie du « bon lot », les élus. Par extension,

1. D'après P. Cabanel, *Le Dieu de la République*, *op. cit.*, p. 61-62.

2. Voir Ferdinand Buisson et Charles Wagner, *Libre pensée et protestantisme libéral*, Paris, Fischbacher, 1903, p. 38.

3. Article « Laïque », *Nouveau Dictionnaire de pédagogie et d'instruction primaire*, Paris, Hachette, 1911.

> le clergé, les clercs, c'est une fraction de la société qui se tient pour spécialement élue et mise à part, et qui pense avoir reçu la mission divine de gouverner le reste des humains ; l'esprit clérical, c'est la prétention de cette minorité à dominer la majorité au nom d'une religion ; les laïques, c'est le peuple, c'est la masse non mise à part, c'est tout le monde, les clercs exceptés, et l'esprit laïque, c'est l'ensemble des aspirations du peuple, du *laos*, c'est l'esprit démocratique et populaire [1].

Buisson fait ici du cléricalisme religieux et de la domination spirituelle le modèle de toute domination et de tout cléricalisme, en même temps qu'il restitue au *laos* le droit de se gouverner lui-même faisant de l'idée laïque une idée éminemment démocratique. Aussi la force morale du chrétien émancipé des dogmes, de l'autorité et de la tradition, est-elle la même que celle qui anime le citoyen libéré de toute emprise cléricale. C'est bien dans la matrice religieuse conçue dans les années 1860 qu'il faut aller chercher l'idéal moral et civique que Buisson a cherché à promouvoir toute sa vie pour l'enfance populaire. Avec l'avènement de la République, l'espoir de promouvoir cet idéal religieux, moral et civique au sein d'une Église ou au sein de la communauté protestante s'est déplacé en direction de l'école, petite communauté, moteur des progrès de la démocratie. Admirateur des thèses formulées par Quinet dans *L'enseignement du peuple* [2], comme toute une génération de républicains, il a pris la mesure, dès la période d'exil, du rôle de l'éducation scolaire dans une démocratie. En 1869, à Genève, lors d'une conférence mémorable où il critiquait l'enseignement de l'histoire sainte dans les écoles, c'est en ce sens qu'il interpelle les citoyens de ce « pays libre » qu'est la Suisse, en pleine conscience du rôle capital et nouveau de l'école, vecteur de transmission des valeurs de liberté et de démocratie, seule à même de les perpétuer :

> On n'a rien fait encore, si l'on n'a chassé l'esprit du passé que de la société légale ; c'est de l'école surtout qu'il faut en bannir les derniers vestiges. Si vous avez à cœur que le progrès se continue, [...] faites que vos enfants respirent à pleins poumons, à l'école comme dans la famille l'air de la République [3].

Quinze ans avant la fondation de l'école laïque et républicaine, l'idée laïque était déjà bien affirmée chez ces protestants libéraux admirateurs de

1. *Ibid.*, p. 399.
2. Paris, Hachette, 1850.
3. Voir F. Buisson, *De l'enseignement de l'histoire sainte dans les écoles primaires*, conférences données à Genève au Palais électoral le 25 février 1869, Paris, Genève, Cherbuliez, 1869, p. 96-109.

Quinet. Non seulement, elle supposait la séparation de l'Église et de l'école et la conception d'une éducation populaire en-dehors des dogmes obligatoires ; mais plus profondément, elle procédait d'une volonté d'articuler religion et liberté, mettant les thèses de ces protestants libéraux en résonance avec celles des philosophes spiritualistes.

PROTESTANTISME LIBÉRAL ET SPIRITUALISME PHILOSOPHIQUE : DES AFFINITÉS ÉLECTIVES ?

Cette convergence de vues s'est concrétisée en 1869 au moment où Buisson fonde à Neuchâtel l'Union du christianisme libéral et son Église. Parmi les philosophes, Jules Barni et Paul Janet ont soutenu publiquement la tentative neuchâteloise de Buisson[1]. Buisson les connaissait tous deux personnellement. Jules Barni, exilé volontaire et titulaire de la chaire d'histoire et de philosophie à Genève depuis 1861, fait paraître *La morale dans la démocratie* en 1868[2]. Élève de Cousin, traducteur de Kant, dans ce cours de morale Barni déclare professer une morale indépendante de la religion et de la métaphysique, assise sur les principes de la philosophie de Kant. Mais il reconnaît des vertus au christianisme, tout particulièrement celui d'un Channing « si profondément moral et si largement humain »[3], christianisme trop rare en dépit des « généreux efforts du protestantisme libéral ». La philosophie ne peut que lui être reconnaissante des services qu'il peut rendre à l'humanité « par les moyens qui lui sont propres ». Rejoignant les préoccupations de Buisson et de ses amis, Barni souligne que le véritable intérêt de la morale n'est pas dans la spéculation, mais dans son efficacité pratique. Démontrer la vérité de la morale indépendante est inutile en l'absence de cette efficacité. D'où la nécessité d'une « culture morale » qui développe en nous « l'amour du bien » et devienne le « mobile de notre vie ». Ce culte de la morale est nécessaire en démocratie : « plus elle émancipe les hommes, plus il importe qu'ils apprennent à se gouverner eux-mêmes »[4]. Faute de ce culte, la démocratie est vouée à retomber dans le césarisme. Elle a, plus qu'aucune autre forme de gouvernement, besoin de citoyens vertueux. Si Barni soutient l'initiative de Buisson, on

1. Voir P. Cabanel, *Le Dieu de la République*, *op. cit.*, p. 58-64.
2. J. Barni, *La morale dans la démocratie*, Paris, Germer-Baillère, 1868.
3. Avant-propos, p. VIII.
4. *Ibid.*, p. X.

comprend aussi qu'il estime qu'il incombe à la philosophie de poser les bases de ce culte de la morale d'un point de vue théorique comme d'un point de vue pratique. Ce ne peut être le rôle de la religion. Dans sa lettre de soutien publiée dans le journal *L'Émancipation* du 9 octobre 1870[1], il salue l'initiative de Buisson et de ses amis, les considérant comme « d'utiles auxiliaires de la philosophie », ou plutôt, ajoute-t-il en se reprenant, comme « de vrais philosophes, qui travaillent à la fois à l'émancipation intellectuelle et à l'amélioration morale de l'humanité »[2]. *In fine*, ce travail ne peut être que celui de la philosophie et des philosophes.

On perçoit les mêmes réserves, peut-être encore plus marquées, dans le soutien de Janet à l'Union du christianisme libéral. Janet est un des maîtres de Buisson qui a suivi ses cours à la Sorbonne et rédigé plusieurs comptes rendus de ses ouvrages pour des revues suisse en 1868[3]. Janet a consacré sa vie à défendre les droits de la philosophie spiritualiste contre les prétentions de l'Église et de son clergé, le spiritualisme se définissant comme le seul système autre que religieux susceptible d'éclairer les questions relatives à la vie future, à Dieu et au sens de la vie humaine. Le spiritualisme philosophique s'est développé en marge des religions instituées dont Janet ne conteste pas le bien fondé pourvu qu'elles ne menacent pas la liberté de philosopher. On peut comprendre dès lors ses réticences face à l'initiative de ce qui peut sembler être celle de nouveaux prophètes. Dans la réponse qu'il fait à Buisson[4], il reconnaît que le christianisme libéral peut résoudre « dans une certaine mesure » un problème à ses yeux philosophique, celui de la possibilité de désolidariser religion et orthodoxie. « En combattant les orthodoxies, ne détruit-on pas le principe même de la vie religieuse ? », se demande-t-il. Autant dire que les religions sont à ses yeux par essence ou par nature du côté de l'orthodoxie. Alors que la liberté de penser et de croire est du côté de la philosophie. Prenant la plume pour défendre sa conception de la liberté de penser, c'est très précisément ce point de vue qu'il défend[5]. La liberté de penser trouve son principe dans la méthode de Descartes, seule méthode permettant de concilier la liberté et la recherche de la vérité. Elle suppose une pensée bien conduite, le droit à examiner librement tout ce qu'on propose à l'homme de croire et à ne se

1. Cité par P. Cabanel, *Le Dieu de la République*, *op. cit.*, p. 60.

2. *Ibid.*

3. Voir ce qu'en dit P. Cabanel, *Le Dieu de la République*, *op. cit.*, p. 48 et p. 60 *sq.*

4. Citée par P. Cabanel, *ibid.*, p. 60-61.

5. Voir Paul Janet, « La liberté de penser », *Revue des Deux Mondes*, septembre 1866, p. 34-50.

décider que sur l'évidence. « Une vérité ne mérite pour moi ce nom que lorsqu'elle est telle à mes propres yeux », « lorsque j'en ai trouvé les racines dans les principes de ma raison »[1]. Il plaide ainsi pour une liberté de penser étendue à tous, quels que soient les risques, affirmant qu'à mesure que les hommes se serviront plus de leur raison, ils s'en serviront mieux. Le rôle de la philosophie n'est pas d'imposer aux autres ses propres idées, mais de leur « apprendre à se rendre compte des leurs ». C'est avant tout une méthode et une discipline qui, pour rester libre, doit être indifférente « entre le pour et le contre ». C'est pourquoi Janet ne se réclame d'aucun parti, pas même de celui de la libre pensée. Rompant avec des usages typiquement cousiniens, il considère que le rôle de la philosophie n'est pas de prendre parti ; sa seule tâche est la recherche de la vérité.

La philosophie a ainsi une vocation spéculative que n'ont pas les religions. Les religions résolvent les questions relatives au surnaturel par des dogmes. De ce point de vue, toutes se valent[2]. Or, la répugnance de Janet à l'égard des dogmes est manifeste. « Pris à la lettre, le dogme du péché originel est une doctrine barbare », a-t-il pu écrire dans un article où les *Méditations* de Guizot le poussent à sortir de son habituelle réserve[3]. S'il reconnaît que le christianisme est à l'origine une doctrine pratique en la personne du Christ venu racheter les âmes des pécheurs et des misérables, cela ne lui confère en rien une supériorité sur la philosophie. « Nous ne voulons pas sacrifier la philosophie au christianisme », conclut-il.

C'est aussi une réponse à l'entreprise neuchâteloise de Buisson.

ÉDUCATION ET ÉMANCIPATION

À l'origine des premiers programmes de morale de l'école primaire, Janet et Buisson s'accordent en tout cas sur le principe d'une éducation indépendante des dogmes et dont la dimension religieuse est compatible avec le principe démocratique de la liberté sans être pour autant irréligieuse. Bien qu'ayant œuvré l'un et l'autre, dans des réseaux à la fois communs et différents, pour faire valoir les droits d'une telle morale

1. *Ibid.*, p. 46.

2. Voir Paul Janet, « Philosophie et religion », *Revue des Deux Mondes*, 15 mai 1869, p. 334-367.

3. *Ibid.*

religieuse laïque, la dimension religieuse de la morale enseignée dans les écoles n'était un principe ni acquis ni consensuel à la fin du XIXe siècle.

La dimension religieuse de la morale laïque

Le conflit s'est cristallisé autour des devoirs envers Dieu. Son enjeu a dépassé la question des orientations de l'enseignement laïque de la morale (et de l'enseignement laïque tout court) pour toucher le sens de la morale elle-même. De 1880 à 1882[1], l'âpreté des débats dans les deux Chambres illustre un temps fort de la fondation de l'école républicaine mettant en évidence une recomposition inattendue des forces et des camps en présence. Le duc de Broglie, l'un des plus farouches opposants à Jules Ferry et à la loi finalement promulguée le 28 mars 1882[2], convenait lui-même que si par les mots « instruction morale et religieuse », on entend un « enseignement vague et général, étranger au dogme et à l'histoire de la religion », alors il vaut mieux laisser le soin de l'instruction religieuse aux familles. Car un tel enseignement serait dangereux pour la foi en laissant penser que « la religion tout entière se réduit à la morale ». Cette prise de position résonne avec le durcissement de l'Église catholique à l'égard des options spiritualistes et déistes en général, indifféremment condamnées dans le Syllabus de 1864. Dans sa dimension religieuse laïcisée, c'est-à-dire comprise à la manière spiritualiste ou déiste ou à la manière du christianisme libéral, en un sens non confessionnel, la morale est à ce moment-là rien moins que consensuelle dans les rangs des opposants catholiques à la République et à ses réformes. Elle ne l'est pas davantage dans le camp républicain : entre le milieu des années 1860 et le début des années 1880, la morale spiritualiste a subi la concurrence de la morale indépendante. De l'aveu même de Buisson revenant, trente ans après, sur la polémique parlementaire autour des devoirs envers Dieu, Jules Ferry, empreint de culture positiviste, avait repris à son compte la thèse de la morale indépendante qui s'était popularisée dans les milieux républicains sous le Second Empire, considérant que la morale pouvait « tenir debout toute

1. L'exposé des motifs de la loi du 28 mars 1882 est fait par Jules Ferry le 20 Janvier 1880. Voir les *Discours et opinions de Jules Ferry*, présentés et commentés par Paul Robiquet, Paris, Armand Colin et Cie, 1896, t. IV.

2. Auteur avec le comte de Ravignan d'un amendement déposé en 1881 au Sénat en vue de substituer à l'article 1 de la loi les mots « instruction morale et religieuse » à ceux d'« instruction morale et civique ».

seule», sans aucun besoin ni de «béquilles théologiques», ni de métaphysique[1].

Ce sont en effet les thèses de la morale indépendante que Jules Ferry défend à la Chambre. Il a contre lui la droite catholique partisane d'une instruction morale et religieuse dogmatique, mais aussi le spiritualiste libéral Jules Simon, soutenu par le protestant libéral Ferdinand Buisson. C'est en effet Jules Simon qui dépose en juillet 1881 au Sénat un amendement demandant de rétablir dans le texte de la loi, à défaut des mots traditionnels «instruction morale et religieuse», une formule qui mentionne expressément les «devoirs envers Dieu». Jules Ferry s'y oppose, mais, selon le témoignage rétrospectif de Buisson,

> il fut obligé, [...] pour obtenir la douzaine de voix de majorité sans lesquelles la loi n'eût pas été votée, il fut obligé de promettre que les mots : Devoirs envers Dieu, figureraient dans les programmes arrêtés par le Conseil supérieur, mais toujours révisables...[2].

La section permanente du Conseil supérieur de l'instruction publique composée de Ferdinand Buisson, Octave Gréard, Michel Bréal, Edgar Zévort, Victor Duruy et Paul Janet les a ainsi intégrés dans les programmes après qu'ils eurent été écartés de la loi par Jules Ferry.

La teneur de l'argumentaire de Ferry permet de mettre en évidence un déplacement du front dans le débat sur la morale, et partant, il reconfigure les enjeux de la modernité laïque et démocratique : si celle-ci est bien, plus que jamais, aux prises avec l'orthodoxie cléricale, la promesse d'émancipation dont elle est porteuse se trouve à ce moment-là à la croisée des chemins, sommée de choisir entre deux voies possibles de la fondation du lien moral et social : une voie sans Dieu, une voie avec Dieu.

1. Voir «L'instituteur et la République», *Grande Revue*, 10 novembre 1909, p. 3-27, citation p. 11.

2. Voir «Le rôle social de l'instituteur», conférence prononcée à la fête annuelle de l'Amicale primaire de l'Ain, à Bourg-en-Bresse le 31 juillet 1909. *Bulletin trimestriel de l'Amicale primaire et de la Ligue autonome de l'Ain*, janvier 1910, n° 31. La conférence est rééditée en 1911 dans *La foi laïque*, mais sans ce passage ! Voir *La foi laïque*, présentation M. Gueissaz, *op. cit.*, p. 215-217.

« On ne vote pas Dieu dans les Assemblées »[1]

Il est clair aux yeux de Ferry qu'on peut séparer la religion de l'école sans préjudice pour l'éducation scolaire. Cette séparation n'est que l'aboutissement normal du mouvement historique de sécularisation commencé deux siècles auparavant avec la sécularisation des savoirs (Bacon, Descartes), suivie de la sécularisation du pouvoir civil et que la sécularisation de l'école ne fait qu'achever[2]. L'indépendance du pouvoir civil, celle de l'État, et par conséquent celle de l'école sont la garantie du respect des libertés et au premier chef de la liberté de conscience. Alors que rendre l'instruction religieuse obligatoire, c'est au contraire prendre le risque de favoriser une religion d'État et donc faire entrer un esprit sectaire et partisan eu sein de l'école. Pour ce motif, aux yeux de Ferry, « aucune formule » de religion positive ne peut « servir de base à un enseignement de morale séculière ». Or, l'expression « morale religieuse » tout comme celle de « devoirs envers Dieu » n'ont de sens « naturel » que dans les religions positives. Sitôt qu'on cherche à les utiliser en-dehors de cette axiomatique, leur sens devient si divers, si « élastique », qu'il est impossible de s'entendre sur ce dont on parle. Ferry rappelle que les premières discussions à la Chambre sur la notion de « morale religieuse » avaient eu lieu en 1819 lorsqu'au délit d'outrage à la morale publique, la Chambre avait voulu greffer celui d'« outrage à la morale religieuse »[3]. Il rappelle les positions de Jules Simon qui s'était élevé contre cette proposition, en défendant une conception de la morale religieuse, non comme « morale d'une religion déterminée », mais comme « morale du sentiment religieux ». Or, demande Ferry, qu'est-ce que le sentiment religieux ? Existe-t-il en dehors d'une religion positive ? Suppose-t-il seulement la croyance à l'existence d'un dieu personnel ? « Peut-il exister dans une âme, en l'absence de convictions raisonnées, comme une mélodie que la mémoire retrouve après avoir perdu les paroles qui l'ont inspirée ? »[4]. Jules Simon proposait là une des définitions de la morale religieuse, mais, face à elle, il y avait une définition toute contraire, celles des croyants, des catholiques, des « partisans d'une religion d'État » pour lesquels la formule « morale religieuse » signifiait le respect absolu non seulement du culte, mais des doctrines mêmes attachées à cette religion d'État.

1. Discours de Jules Ferry au Sénat, juillet 1881, dans *Discours et opinions de Jules Ferry*, *op. cit.*, t. IV, p. 202.

2. Discours du 23 décembre 1880, *ibid.*, p. 116-136.

3. Dans le Discours au Sénat, juillet 1881, *ibid.*, p. 183-203.

4. *Ibid.*, p. 186.

Ces mots donnant lieu aux interprétations les plus diverses, il est préférable de laisser aux mots « “religion”, “religieux”, leur sens naturel, clair, profond, celui qui s’attache à une religion positive »[1].

Le même argumentaire est utilisé s’agissant des « devoirs envers Dieu ». Dans son « sens naturel », l’expression est la formule d’une religion positive. Autrement, toutes les interprétations de Dieu sont possibles : les « devoirs envers Dieu ! Mais quel Dieu ? », s’exclame Ferry dans une envolée demeurée célèbre[2]. « … Est-ce que les devoirs envers Dieu sont les mêmes, si ce Dieu est le Dieu des chrétiens, ou s’il est le Dieu de Spinoza, le Dieu de Malebranche, le Dieu de Descartes ? »[3][…]. « Je dis des choses simples, des choses sensées… ». Pour donner une explication claire et tangible à la formule devoirs envers Dieu, « il faut absolument parler d’une conception de la divinité qui soit ou le dieu des philosophes, ou le dieu de Spinoza, ou le dieu des chrétiens, ou le dieu des Hébreux »[4]. Accepter les devoirs envers Dieu comporte de plus un risque : faire de l’instituteur un professeur de religion[5]. Or, Ferry y insiste, la loi vise à faire en sorte que l’instituteur ne soit plus le répétiteur obligé du catéchisme et de l’histoire sainte : il ne sera pas plus professeur de religion qu’il ne s’improvisera professeur de philosophie ; la morale enseignée dans les écoles est la morale commune ou la morale du sens commun formée par des siècles de civilisation. L’instituteur n’a pas à enseigner une théorie du fondement de la morale. Bien que Ferry esquive la discussion sur la validité de la morale indépendante[6], il semble acquis au principe d’une morale indépendante de tout *credo* :

1. *Ibid.*, p. 188.
2. *Ibid.*, p. 192.
3. *Ibid.*, p. 193.
4. *Ibid.*, p. 194.
5. Ce qu’il était depuis la loi Guizot du 28 juin 1833.
6. « Quant à revenir sur une question qui nous a déjà, ici, mis aux prises, à savoir s’il peut exister, en dehors (*sic*) des préceptes d’un dogme positif, une morale forte qui puisse s’enseigner, s’affirmer, se soutenir elle-même, vraiment, messieurs, je ne rentrerai pas dans la discussion… ». Ferry cite alors approximativement un extrait du rapport de Janet sur le programme d’un cours de morale dans les Écoles normales présenté à la section permanente du Conseil supérieur de l’instruction publique en janvier 1881, à l’origine des programmes des Écoles normales. Ferry dans son discours dit ceci : « s’il n’y a pas de morale, en-dehors des dogmes positifs, comme le dit l’éminent philosophe, c’est qu’alors il n’y a pas de constitution sociale viable et durable en dehors d’une religion d’État. Je vous défie d’échapper à ce dilemme ». Le rapport de Janet dit : « Quant à dire que la morale ne peut s’enseigner sans dogme emprunté aux religions positives, ce serait dire que l’Etat lui-même ne peut subsister sans dogme positif ; car telle est l’école, tel est l’État. Ce serait donc revenir à la religion d’État

> on ne vote pas Dieu dans les Assemblées. [...] Les Assemblées ne sont pas faites pour promulguer des credo théologiques, de quelque nature qu'ils soient. Ce n'est pas là votre rôle : j'oppose donc à cette prétention une fin de non-recevoir absolue[1].

Par « morale indépendante », Ferry entend une « morale à l'état scientifique » fondée philosophiquement[2], conception conforme aux vues qu'il avait développées dans son discours d'entrée en maçonnerie le 5 août 1876, reconnaissant « l'irrémédiable décadence »[3] dont la religion est frappée dans son essence et l'insuffisance définitive de la morale théologique. La morale indépendante dont Ferry se fait le défenseur discret, mais ferme, est une morale émancipée non seulement des dogmes des religions positives, mais de la religion elle-même et bien sûr de Dieu. Dans l'esprit de Ferry, il semble clair que les mots « religion » « religieux » et « Dieu » n'ont de sens qu'au sein des religions positives. En même temps, il se fait l'écho de l'amendement qu'avait proposé Quinet à l'article 21 de la loi Falloux du 15 mars 1850 sur l'instruction morale et religieuse et qui tenait en ces quelques mots : « sans acception des dogmes particuliers aux diverses communions ». Cet amendement avait motivé un mémorable discours de Quinet à la Chambre d'où est issu *L'enseignement du peuple*. La conception de l'enseignement laïque que Quinet y défend était devenue, selon le témoignage de Buisson, « un article du programme républicain depuis les fameux débats sur la "morale indépendante" »[4].

L'enseignement du peuple

Quinet, maître de toute une génération de républicains, y compris Jules Ferry, est rien moins que positiviste et athée. En guerre contre Victor Cousin et l'éclectisme dont il semble avoir eu pourtant beaucoup

qui, depuis 50 ans, a disparu de toutes les constitutions ». Le rapport est intégralement publié dans la *Revue pédagogique*, n° 1, 1881, p. 206-212.

1. *Ibid.*, p. 203.

2. Voir l'exposé des motifs de la loi du 28 mars 1882 devant la Chambre le 20 janvier 1880, *op. cit.*, p. 127.

3. L'expression se trouve dans une lettre à Lavertujon du 5 octobre 1875. *Cf.* « Le discours de Ferry à la loge « la Clémente amitié » du 5 août 1876 », dans *Discours et opinions de Jules Ferry* présentés et commentés par Paul Robiquet, *op. cit.*, tome II, p. 192-197.

4. Voir ses *Souvenirs. 1866-1916*, Paris, Fischbacher, 1916. Dans ce passage, Buisson revient sur l'épisode de la fameuse conférence de 1868 à Neuchâtel, par laquelle il fit scandale et se fit connaître. Il dit qu'à l'époque, il était « tout pénétré de la théorie révolutionnaire qu'Edgar Quinet avait été le seul à défendre en 1850 à l'Assemblée nationale ».

de difficultés à se défaire[1], l'historien-philosophe élevé dans le protestantisme a opté pour l'unitarisme du réformateur américain William Channing. L'intérêt de l'unitarisme américain aux yeux de Quinet est d'être un modèle religieux qui concilie le mieux l'esprit de son temps, car il ménage la trace de l'Antiquité chrétienne et la hardiesse philosophique. N'écrit-il pas à Eugène Sue :

> Qui ne voudrait, qui ne souhaiterait que la parole d'un Emerson français, d'un Channing ne retentît au milieu de la société française, dans nos campagnes et dans nos ateliers ? Quels éclairs de vie morale ils feraient sortir de ces âmes en travail, et qui peut savoir où s'arrêterait cet apostolat d'une âme libre ?[2].

La conception de l'enseignement comme de la société laïques qu'il défend repose sur le principe d'une nécessaire séparation de l'Église et de l'école, mais en vue de susciter une foi commune organisée autour de la fraternité et que Quinet qualifie de religieuse, la religion étant redéfinie par lui comme « l'idéal vers lequel tend une nation et qu'elle réalise de plus en plus dans ses institutions civiles ; c'est la substance dont vivent les générations diverses d'une même race d'hommes »[3]. Autant dire que la religion est l'âme des sociétés et le moteur de l'histoire. La religion n'est pas « un élément particulier qui se développe indépendamment des autres éléments de la société » ; cette erreur a pour conséquence d'empêcher de voir que « la substance de la religion et de la vie civile est la même »[4]. En séparant le spirituel et le temporel, les peuples s'interdisent de s'émanciper de l'orthodoxie religieuse : distinguer la « vie publique » de la « vie intérieure » laisse les orthodoxies intactes. Considérer au contraire la religion pour ce qu'elle est, c'est-à-dire la « substance des lois, des gouvernements, des mœurs », c'est comprendre que toute révolution politique est vouée à l'échec sans une révolution religieuse préalable. D'où la supériorité des pays protestants où la révolution religieuse a précédé la révolution politique et où

1. Protégé de de Gérando, Quinet fait en 1825 deux rencontres décisives, celle de Cousin et celle de Michelet. Auprès de Cousin, et sans jamais fréquenter l'Université, il acquiert une formation philosophique. Son premier travail publié est une traduction des *Idées* de Herder.

2. Cité par M. Gueissaz : «Place du syncrétisme unitarien et de l'éducation libérale de William Channing dans le *Dictionnaire de pédagogie* et dans l'invention d'une tradition libérale en France», dans D. Denis & P. Kahn (éd.), *L'École de la Troisième République en questions. Débats et controverses dans le Dictionnaire de pédagogie de Ferdinand Buisson*, Berne, Peter Lang, p. 141-167, citation p. 145.

3. Voir E. Quinet, *L'enseignement du peuple* [1850], Paris, Hachette, 2001, chap. XIX.

4. *Ibid.*, chap. I.

« il est certaines conquêtes morales sur lesquelles personne ne songe à revenir ». La fin de l'ouvrage appelle de ses vœux un christianisme laïcisé, universel qui aurait vocation à réunir les hommes par la liberté, par l'égalité, par la fraternité ; il a pour nom le « socialisme de l'humanité moderne »[1]. La religion est en effet un principe vital de la société et partant, de l'enseignement. Dans la situation actuelle, estime Quinet, aucune des Églises reconnues par l'État n'est plus le principe vital de la société. La société est donc en danger. Pour qu'elle subsiste,

> il faut que l'esprit qui l'a faite continue de se répandre par l'éducation, de génération en génération. Là est la raison d'être de l'enseignement laïque, sans acception d'aucun dogme particulier[2].

L'âme de la société laïque, c'est « le sentiment de fraternité religieuse », « l'amour des citoyens les uns pour les autres indépendamment de leurs croyances ». C'est cette nouvelle foi que l'enseignement laïque a à transmettre. C'est toute la teneur de la morale commune dans l'école et la société laïques. Si l'éducation laïque dont l'État doit avoir la responsabilité ne peut que se faire sur la base des principes d'une morale émancipée des religions positives, ce n'est pas pour en finir avec la religion, c'est au contraire pour substituer à la diversité des différentes « sectes » en guerre les unes contre les autres, la seule religion d'unité, de paix et de concorde susceptible de vivifier la nation, la religion du genre humain. Un des tout premiers combats parlementaires contre l'enseignement du dogme, définissant le principe d'un enseignement laïque compris comme un enseignement pour tous, fait en même temps de la réforme religieuse le moteur de l'avènement d'une société démocratique et laïque.

Suivant la voie ouverte par Quinet, Buisson fait de la réforme religieuse le moyen de réaliser la démocratie, cette réforme s'accomplissant dans la réforme de soi, la révolution des consciences. Ce but ne peut s'atteindre que par la généralisation d'une éducation libérale au plus grand nombre. Issu du secondaire où il a toute sa place, le principe d'une éducation libérale ou désintéressée cherche à s'acclimater à l'enseignement primaire, à la fin du XIXe siècle, à la faveur des réformes républicaines[3]. Buisson en reprend

1. *Ibid.*, p. 183.

2. *Ibid.*, chap. XIV.

3. Evoquant l'introduction dans l'enseignement primaire de savoirs considérés dans l'ancien régime scolaire comme « accessoires », le chant, la musique chorale, le dessin, les leçons de chose, faisant de l'école une « école d'éducation libérale », Jules Ferry parle de l'enseignement primaire comme d'un « enseignement secondaire au petit pied ». Voir son « Discours au congrès pédagogique des instituteurs et institutrices de France du 19 avril

à son compte le principe, tout en lui donnant des finalités entièrement redéfinies à l'aune des exigences de l'éducation du peuple.

Quinet, Buisson, Channing et la self-culture

Les liens étroits entre Quinet, Buisson, Pécaut sont avérés[1]. Quinet a bien été leur maître, moins sans doute à cause de leur commun libéralisme religieux qu'à cause de cette manière de concevoir la révolution religieuse comme moteur de l'histoire et condition du succès de la révolution politique. Ce qui les unit, c'est cette idée combinée avec un libéralisme sans concession, un libéralisme militant et combattant pour le triomphe de la liberté, « cette vieille cause tant de fois désespérée et ruinée, jamais perdue »[2]. Ce primat de la révolution religieuse sur la révolution politique a pour effet, notamment, de projeter sur la scène pédagogique de la fin du XIXe siècle les grandes figures de la Réforme, de Luther à Zwingli en passant par Channing et Parker. Il importe en effet de montrer que les réformateurs religieux ont été à l'avant-garde des progrès de l'éducation et de la démocratie. Comme l'atteste le *Dictionnaire de pédagogie et d'instruction primaire* par l'ampleur de cette mobilisation[3], ces grandes figures de la Réforme religieuse, politique et pédagogique ne servent pas un but de prosélytisme, mais fonctionnent comme ressources dans un dessein dont la société laïque est l'horizon d'attente. Quinet appelait à cette mobilisation dans *La Révolution religieuse au XIXe siècle*[4], manifeste paru en 1857. Dans le combat pour le triomphe de la liberté contre le catholicisme, en effet, la voie la plus sûre n'est pas celle qui consiste à dresser la liberté contre toutes les religions, car alors on se fait un ennemi de l'humanité entière. La meilleure voie consiste à trouver « des points d'appui » et des « alliés » dans toutes les « sectes chrétiennes » qui ont combattu Rome : la mobilisation de la philosophie (Voltaire, Rousseau, Kant) est peut-être nécessaire, mais pas suffisante ; il faut faire appel à « toute croyance

1881 », dans *Discours et opinions de Jules Ferry*, présentés et commentés par Paul Robiquet, *op. cit.*, t. IV.

1. Voir P. Cabanel, *Le Dieu de la République*, *op. cit.*, chap. 1 ; et M. Gueissaz, art. cit.

2. E. Quinet, *L'enseignement du peuple*, préface de 1860.

3. Voir L. Loeffel, « Conversion laïque, présence religieuse et religiosité », dans le *Dictionnaire de pédagogie*, dans D. Denis & P. Kahn (éd.), *L'École de la Troisième République en questions. Débats et controverses dans le Dictionnaire de pédagogie de Ferdinand Buisson*, Berne, Peter Lang, 2006, p. 125-139.

4. L'ouvrage a d'abord paru à Bruxelles en introduction aux œuvres de Philippe de Marnix, imprimerie Van Meenen, 1857.

opprimée », « toute église persécutée », « tout temple qui peut montrer ses martyrs », à tous les « athlètes de l'esprit », dit Quinet, citant Luther, Zwingli, Calvin, Marnix, Channing, Herder[1].

Dans ce paysage, Channing occupe une place à part. Sa doctrine vient coïncider avec les préoccupations de la société française de la fin du XIXe siècle. Né en 1780 et mort en 1842, Channing est un réformateur contemporain qui traite du problème central de la société américaine de son temps : celui de l'élévation morale des classes les plus pauvres. Ce n'est pas un théologien ; sa doctrine toute pratique est à la fois morale et sociale. Le *Dictionnaire de pédagogie* le présente à la fois comme l'un de ceux qui a « le mieux compris et le mieux résolu le problème de l'éducation », mais aussi comme le pasteur d'une Église libérale dont le seul but est la perfection de l'individu par le développement des facultés physiques, intellectuelles et morales[2]. L'article souligne que les idées de Channing et du pédagogue Horace Mann qu'il a soutenu ont triomphé aux États-Unis et ont commencé à pénétrer dans la vieille Europe.

Les œuvres de Channing ont été traduites et introduites en France en 1854 par le théoricien du libéralisme Edouard Laboulaye[3]. Dans la présentation de l'œuvre et de la doctrine, Laboulaye souligne l'importance et l'originalité de Channing dans le paysage intellectuel de son temps : il a étudié les « questions sociales » du point de vue de la religion, sa singularité résidant dans une réévaluation du christianisme qui l'amène à rompre avec la conception traditionnelle de la charité supposant inégalité et condescendance d'un homme à un autre ou d'une classe sociale à une autre, prêchant la résignation pour les classes les plus pauvres. Il est conduit également à développer une conception de la politique privilégiant l'individu sur le groupe, les ressources personnelles sur les dispositifs d'assistance. L'unitarisme tel que Channing le comprend, se « caractérise par-dessus tout » par « l'esprit de liberté et d'individualisme », sans *credo*, sans « symbole établi », laissant toute latitude aux différences individuelles et à chacun la liberté de « penser par soi-même »[4]. Sa traduction en politique conduit

1. E. Quinet, *La révolution religieuse au XIXe siècle* [1857], Paris, Hachette, 2001, chap. XIV, p. 244.

2. *Dictionnaire de pédagogie et d'instruction primaire*, *op. cit.*, 1re partie, p. 354. L'article est signé Edouard Laboulaye.

3. Voir E. Laboulaye, *Œuvres sociales de Channing. Traduction française précédée d'un Essai sur sa vie et sa doctrine, d'une introduction et de notices*, Paris, Charpentier et Cie Editeurs, 1854.

4. Lettre à de Gérando de 1831 citée par Laboulaye, p. XII.

Channing à s'élever contre le principe du sacrifice de l'intérêt particulier au nom de l'intérêt général. Il répète sans se lasser

> que l'homme n'est pas fait pour la société ni le citoyen pour l'État, mais que tout au contraire État et société n'existent que pour la garantie des droits de l'individu. L'homme n'est pas un moyen mais un but[1].

Et par « l'homme », Channing n'entend pas l'humanité, « c'est-à-dire une abstraction », mais l'individu qui, doté d'une pensée et d'une âme, est « sacré pour le reste du monde ». Si l'on voit en l'individu cet « être immortel », alors il est possible de « respecter et d'aimer son semblable ».

Ce que l'on peut considérer comme l'« hyperindividualisme » de Channing engage la conception d'une égalité stricte entre les individus qui d'aucune manière ne peuvent être enfermés dans des déterminations sociales différentialistes. Channing retrouve ici la vocation égalitaire du christianisme pour défendre le principe d'une Église universelle (c'est « la réunion de tous ceux qui étudient et pratiquent l'Évangile ») et celui d'un christianisme originairement voué à la philanthropie. Dans une lettre à des ouvriers anglais, en 1841, il s'élève contre l'antichristianisme professé par certains socialistes, alors que le christianisme est à ses yeux une religion démocratique et populaire : ses premiers apôtres ont été des ouvriers, elle considère comme égaux les riches et les pauvres et demande au fort de secourir le faible. C'est ainsi « sous l'étendard de la Croix que doit vaincre l'humanité »[2].

Plus philanthrope qu'humanitaire, Channing n'est pas plus socialiste ; selon lui, l'élévation des ouvriers ne se fera pas par le renoncement au travail, la coalition contre les riches, l'organisation politique. Penser ainsi, c'est être sujet aux passions et à l'égoïsme. Suivant ses thèses individualistes, Channing pense qu'ils s'élèveront par l'instruction, seul moyen d'élever l'esprit, de substituer la réflexion à la passion, l'esprit, la pensée et pour tout dire la raison étant la seule chose inaliénable en l'homme. Channing fait du principe de l'*Aufklärung* « penser par soi-même » un principe radicalement individualiste et parfaitement libéral. Au plan religieux, il évacue toute trace de référence au dogme, et d'allégeance à l'autorité et à la tradition pour laisser toute sa place au droit de chacun à faire entendre sa voix. Cela l'engage dans un nécessaire relativisme, l'absolu n'étant accessible dans aucun domaine. Ce qui vient équilibrer ce relativisme, toutefois, c'est sa conception de la vérité, de la raison et de

1. *Œuvres sociales de Channing*, *op. cit.*, p. XXIII.
2. Cité dans *Les œuvres sociales de Channing*, *op. cit.*, p. XLII.

l'amour. Channing a emprunté le principe de sa doctrine au Christianisme raisonnable de Locke pour qui il n'y a pas de contradiction entre la révélation et la raison : toutes deux sont données à l'homme pour le conduire, la première étant la perfection et non l'opposition de l'autre, l'achevant sans la renverser. Ainsi, en droit, il n'y a pas de limite à la raison humaine dans son ambition d'atteindre la vérité, tâche qui est sa vocation et son horizon. D'où le principe d'une liberté absolue de penser, que rien ni personne n'est en droit d'empêcher. Ce principe combiné avec celui de l'amour (de la charité) forme le tout des besoins de l'homme et du chrétien. L'amour de Dieu et du prochain est ce qui rend possible l'unité entre les hommes. Il vient du cœur, est naturel à l'homme et résume toute la morale de l'Évangile. Il suffit à se reconnaître comme membre de la grande société chrétienne. Il n'est déposé ni dans des dogmes, ni satisfait par des œuvres ; il correspond à un besoin profond de la nature humaine, un besoin d'unité dont aucun homme ne peut s'affranchir. Amour et liberté de penser sont ainsi la condition de ce que Channing considère comme l'unique secret pour se grandir : l'élévation morale.

Le programme de Channing a des accents fort proches de celui du spiritualisme philosophique centré lui aussi sur l'élévation morale de l'homme par le perfectionnement de ses facultés. Mais chez Channing, ce n'est pas dans la philosophie que réside le secret de cette élévation, c'est dans la religion, dans le christianisme. La religion fera de chaque homme un citoyen éclairé, juste et digne de sa position, une position qui ne lui aura pas été assignée par des maîtres. L'homme en effet n'a qu'un seul maître, c'est lui-même, parce qu'il n'y a qu'un seul Maître, le Christ. Le Christianisme est ici le moyen de refuser toute forme d'oppression, de soumission, de domination, aucun homme, aucun parti, aucune école ne valant la vie du Christ.

Pour une éducation consciencieuse

On a là un modèle fort proche de celui que Buisson a cherché à promouvoir dans l'éducation de l'enfance populaire, celui de l'élévation morale comme moteur de la démocratie, élévation prenant appui sur une réforme religieuse comprise comme réforme de soi. L'éducation visant le gouvernement de soi, la souveraineté sur soi-même est prometteuse d'une souveraineté du peuple qui ne paierait pas l'affirmation démocratique du prix de la liberté elle-même. La certitude que cette élévation est accessible à tous est commune aux deux réformateurs ; Buisson a théorisé cette possibilité dans sa conception de l'intuition et de la méthode intuitive d'éducation qui se prolonge en une intuition morale et religieuse[1], « intuition de l'infini et du divin, de la perfection morale, de la justice, du dévouement », autant de vérités accessibles naturellement et spontanément au cœur et à la conscience de l'enfant, pourvu que l'instituteur sache « éveiller à la lumière morale les yeux du cœur et de la conscience »[2]. Le rôle de l'instituteur est précisément d'éveiller au sacré ; « Qu'on ne nous parle pas d'interdire toutes ces choses sacrées à l'éducation du peuple », s'exclame-t-il. Le sacré est l'âme de l'éducation de l'enfant comme il devrait faire la substance de l'enseignement et nourrir l'idéal de l'enseignant.

C'est là la formulation d'une éducation élitiste pour l'enfance populaire tout à fait en résonance avec la *self culture* de Channing. La *self culture*[3] repose en effet sur une exaltation de la nature spirituelle de l'homme en laquelle résident sa liberté et son pouvoir sur lui-même, biens aussi sacrés qu'inaliénables. La culture de soi-même, autre nom de l'éducation, participe d'un élitisme de la personne reposant sur la capacité commune à tout homme de développer et perfectionner sa nature. La culture personnelle ou *self culture* est plus qu'un devoir envers soi-même, c'est un « soin » que l'homme se doit à lui-même. Le vrai, le bien, et le beau sont accessibles aux plus humbles, aux hommes de l'ombre, avant tout parce que la grandeur morale appartient au peuple bien plus qu'à la minorité fortunée et éclairée. L'élévation morale du peuple ne se fera ainsi pas par un projet de moralisation, entendu comme projet de domination des plus humbles visant un conformisme moral ; mais elle procède d'un engagement personnel : il incombe à chacun de se moraliser soi-même, de s'élever moralement. L'homme n'a pas à apprendre à se connaître, ni à se former. Cette double faculté est celle de l'âme ; tout homme en dispose naturellement.

> Celui donc qui fait tout ce qui est en son pouvoir pour développer ses facultés et ses capacités, surtout les plus nobles, de façon à devenir un être bien proportionné, vigoureux, excellent et heureux, celui-là pratique la culture de lui-même[4].

1. Voir la Conférence sur l'enseignement intuitif du 31 août 1878, *op. cit.*

2. *Ibid.*

3. Voir W. E. Channing, *De l'éducation personnelle ou la culture de soi-même* [1838], dans *Œuvres sociales de Channing*, *op. cit.*, p. 9-84.

4. *Ibid.*, p. 19.

La culture de soi est une culture de l'esprit dont le but suprême est d'« élever l'âme ». En se perfectionnant, en « agrandissant » sa pensée, ses sentiments et sa volonté, l'homme se « libéralise »[1], il se libère du joug de sa condition. Aux yeux de Channing, la *self culture*, dont le moyen le plus sûr réside dans la volonté désintéressée de se perfectionner, de s'élever soi-même, une volonté aiguisée par la foi dans la possibilité de l'éducation personnelle, est aussi le levier de l'égalisation des conditions. Si l'égalité et la liberté politiques, en effet, sont acquises grâce à la souveraineté nationale et à la république que Channing approuve, elles ne suffisent pas à réaliser l'égalité des conditions : « le remède n'est pas dans l'urne du scrutin, ou dans l'exercice de vos droits politiques, il est dans l'éducation consciencieuse de vous-même et de vos enfants »[2]. La culture de l'intelligence et des vertus est ce qui permet de se rendre digne d'institutions libres, de les fortifier et de les perpétuer. Channing en appelle avec véhémence à l'éducation politique du peuple, mais une éducation qui passe par la culture de soi : mieux se connaître, mieux se comprendre, lire, travailler, c'est là le secret pour développer la conscience et la connaissance de soi et du monde par lesquels l'homme s'élève au rang des mieux lotis : prenant conscience qu'il a été créé pour le progrès et la perfection, il se voit comme il voit le monde avec des yeux neufs. Channing associe perfectionnement de soi et progrès social, l'éducation personnelle étant la fin la plus haute de l'individu, comme l'unique but de la société. C'est pourquoi, à la manière de Kant dans les *Réflexions sur l'éducation*, il appelle les classes aisées de la société à se consacrer à ce but (« ceux qui s'intéressent activement à l'éducation publique sont les vrais bienfaiteurs de leur pays »[3]) et récuse tout partage entre les clercs et le *laos :* aucun homme ne peut se prévaloir d'une condition extérieure (sociale) en apparence avantageuse pour prétendre éclairer les autres. L'accès à la vérité n'est pas

> le privilège de ces génies qui semblent nés pour donner des lois au vulgaire. Une part du même feu divin est donnée à tous [...]. Les clartés, les inspirations intérieures ne sont pas seulement le partage d'un petit nombre de favoris, elles visitent tous ceux qui se dévouent sans arrière-pensée à leur propre éducation[4].

1. C'est le verbe utilisé par Laboulaye.
2. W. E. Channing, *De l'éducation personnelle ou la culture de soi-même*, *op. cit.*, p. 84.
3. *Ibid.*, p. 68.
4. *Ibid.*, p. 49-50.

Il y a quelque chose de kantien dans les thèses de Channing, à la fois dans sa manière de concevoir le « développement de l'esprit humain comme grand dessein de Dieu », de comprendre le perfectionnement de l'homme comme moteur du progrès de l'histoire, dans le fait aussi d'appeler chacun à être sa propre autorité dans les domaines de la connaissance, de la morale, de la religion et de la politique, dans la manière enfin de comprendre l'homme comme fin et jamais comme moyen. Mais à la différence de Kant, Channing prend acte du rôle de la religion et du Christianisme en particulier dans le procès historique qui a conduit à l'impératif de l'élévation morale du peuple. Le moment en est venu, pense-t-il, précisément parce que la liberté et l'égalité des droits sont acquises et que, de ce point de vue, l'égalisation des conditions a fait de notables progrès. C'est même, à ses yeux, le trait distinctif de l'époque moderne qui a vu, pour le peuple, la fin d'une « dégradation abrutissante », la reconnaissance graduelle de ses droits, la diffusion croissante des moyens de progrès et de bonheur, la « création d'un nouveau pouvoir dans l'État, le pouvoir du peuple »[1]. Mais la révolution politique a été précédée d'une révolution religieuse, la religion ayant rempli sa « mission de liberté ». La révolution des droits religieux a précédé la révolution politique et en ce sens elle a montré le chemin, éveillé les consciences individuelles, formé à la critique et à la libre discussion : en bref, la religion a été l'école de la démocratie avant que celle-ci ne garantisse les droits de l'individu. Le pays le plus libre et le plus démocratique du monde, les États-Unis, est né de la dissidence religieuse anglaise armée contre le pouvoir arbitraire.

La religion est ainsi le terreau de ce que Channing appelle une « éducation libérale », c'est-à-dire une éducation désintéressée dont la fin n'est pas combinée selon la destination sociale de l'individu : le « fondement de l'éducation de l'homme est dans sa nature et non dans sa profession », dit-il, « l'homme n'a pas été créé pour servir uniquement aux besoins de la société »[2].

C'est là la formulation de l'idéal éducatif de Buisson, chez qui l'on retrouve la même passion pour l'émancipation de l'enfance populaire. Pour lui comme pour Channing, l'éducation est perfectionnement de soi et levier du progrès social, moyen privilégié de l'émancipation comprise comme conquête de la liberté de l'esprit, par laquelle l'homme se met hors de prise de toute forme de domination. Les voies de l'émancipation sont donc morales et spirituelles avant d'être politiques et économiques.

1. *Ibid.*, p. 82.
2. *Ibid.*, p. 33-34.

Comme chez Channing, c'est bien la religion comprise comme idéal du Bien et du Juste qui est la dynamique de l'émancipation et du progrès en ce qu'elle pousse l'individu à tendre sans cesse vers quelque chose qui le dépasse mais dont il se sent et se sait originairement dépendant. La conscience de la dépendance éloigne Buisson des préoccupations philosophiques de fondation d'une morale indépendante. Son souci est moins là que dans une forme d'inquiétude religieuse dont on peut suivre le fil, de la « Conférence sur l'enseignement intuitif » en 1878 à celle portant sur « Le fond religieux de la morale laïque » en 1917. Dans cette conférence faite à la Ligue de l'enseignement, Buisson identifie la morale laïque à la religion du Bien, soulignant tout ce qu'elle doit au christianisme, singulièrement la force de l'idéal humain de perfection qui l'inspire : « ne nous y trompons pas, dit-il, notre morale laïque est cela ou elle n'est rien »[1].

Buisson réaffirme en 1917 l'exigence qui a été la sienne toute sa vie de ne pas limiter la morale laïque à des « recettes d'utilité pratique ». L'ambition est d'une autre ampleur : il s'agit de « faire un homme nouveau », produit d'une « conversion ». Et à côté de Saint-Paul, c'est Jaurès que Buisson cite, une de ses pages flamboyantes où lui aussi défend pour l'enfant du peuple une éducation morale exigeante et élevée :

> par là, tous les enfants de nos écoles auront le sentiment concret et précis de l'idéal. Il semble d'abord que ce soit là un mot bien ambitieux pour nos écoles primaires et bien au-dessus de l'enfance. Il n'en est rien : l'âme enfantine est pleine d'infini flottant, et toute l'éducation doit tendre à donner un contour à cet infini qui est dans les âmes. [...] On peut donc conduire l'esprit de l'enfant jusqu'à l'idée de la perfection morale absolue, de la sainteté[2].

La morale peut être ainsi « d'autant plus laïque qu'elle est plus religieuse, et d'autant plus religieuse qu'elle est plus laïque ». Si Buisson a pu définir la laïcité comme le fait d'arriver « tous librement à la pleine possession, au plein usage, au plein exercice de nos facultés »[3], la définition vaut autant pour la religion telle qu'il la comprend, « un libre essor de l'âme vers un idéal qui grandit sans cesse avec elle »[4]. Dans cette perspective, la laïcité ne peut pas être l'opposé de la religion, pas plus que la

1. Voir F. Buisson, « Le fond religieux de la morale laïque », conférence à la Ligue de l'enseignement, *Revue pédagogique*, n° 4, avril 1917.

2. Il s'agit d'un article de Jaurès paru dans *La Dépêche* du 8 juin 1892, reproduit dans la *Revue pédagogique*, juillet 1892.

3. Dans une conférence faite à la Ligue de l'enseignement à Amiens le 27 mars 1904.

4. Voir F. Buisson, *Libre pensée et protestantisme libéral*, *op. cit.*, p. 73-74.

morale laïque ne vient contredire la morale religieuse ; elle est au contraire le moyen de réaliser l'idéal religieux. La morale laïque est une manière d'être ensemble démocratique, moins parce qu'elle est à l'origine de nouvelles formes de sociabilité, que parce qu'elle est l'expression de la conscience démocratique. Celle-ci se manifeste dans l'idéal de liberté, d'égalité, de fraternité, de progrès qu'elle poursuit. Le rôle de l'éducation morale est d'éduquer la conscience au sens de cet idéal, non d'inculquer aux élèves les droits de l'homme comme les Tables de la Loi, à la manière d'Ernest Lavisse[1]. Former au sens de l'idéal engage la conception d'une conscience toujours parfaitement affranchie de tout cléricalisme, religieux, politique, philosophique ou scientifique, toujours disponible pour « aspirer » à l'idéal, accueillante à ses progrès et à sa marche, une conscience libérée de toute domination spirituelle. Dans une telle approche, la frontière s'abolit entre le point de vue de l'individu et le point de vue du collectif, la morale individuelle et la morale sociale, tout effort d'approfondissement de l'idéal en soi augmentant la force de l'idéal collectif. Comprise avant tout comme idéal, la démocratie n'est ni le règne de l'immanence, ni celui de l'individualisme dissolvant. Elle est au contraire spirituelle ou religieuse au sens très précis où ce qui la règle n'est ni le passé, ni la tradition, ni l'autorité, mais toujours l'avenir figuré par un idéal. Par là, elle requiert des consciences individuelles dotées de cette « intelligence du nouveau » nécessaire pour faire vivre une démocratie ; le propre de celle-ci, en effet, est de « ne dater que d'elle-même », selon l'heureuse formule de l'avant-propos de *Justice et Charité* ; son irréductible particularité est la rupture avec toute référence à la tradition et au passé et la seule reconnaissance de l'autorité de l'avenir.

On comprend dès lors que Buisson n'ait eu de cesse que de prendre la parole et la plume pour défendre, de toutes les manières possibles, le principe d'une religion d'un « type nouveau »[2], allant même jusqu'à revendiquer l'athéisme si cela signifie « la négation du théisme obligatoire comme fondement de la morale »[3]. Cette religion d'un « type nouveau » est entièrement à venir, à l'image de la démocratie dont elle épouse les formules ; c'est pourquoi il importe de laïciser la religion, de la

1. Sous le pseudonyme de Pierre Laloi, Ernest Lavisse est l'auteur d'un manuel d'instruction civique dans lequel la Déclaration des droits de l'homme et du citoyen de 1789 est présentée sous la forme des Tables de la Loi. Voir P. Laloi, *Première année d'instruction civique*, Paris, Armand Colin, 1880.

2. *Ibid.*, p. 70.

3. Dans une lettre au journal *Le Temps* du 12 septembre 1905 en réponse aux attaques de la Ligue contre l'athéisme. Voir *La foi laique*, *op. cit.*, p. 201-204.

« spiritualiser », de l'« humaniser », de la « moraliser », écrit-il en 1903 dans une lettre au journal *L'Action*, afin de la ramener à son essence : « l'aspiration de l'homme vers toutes les formes de la perfection de l'esprit » injustement bridées par la « tutelle despotique » de l'Église[1].

Dans une même détente, cette aspiration se traduit aussi en une forme de courage de la laïcité, c'est-à-dire de la liberté de penser, avec toutes les conséquences relativistes et même sceptiques qu'une telle affirmation est susceptible d'engendrer. Elle accompagne encore une étonnante intelligence de la nouveauté démocratique, portée par la valeur de l'individu, orientée vers l'avenir, enveloppant, de ce fait, et par suite de l'effondrement des autorités traditionnelles, plus qu'aucune autre manière d'être ensemble, l'impératif d'éduquer.

La conception de l'éducation du peuple que Buisson a cherché à faire valoir et à mettre en œuvre tout au long de sa vie met ainsi en évidence une nette prise de distance à l'égard de la philosophie spiritualiste. Constamment pris dans des rapports de force avec les représentants du clergé, les tendances philosophiques rivales, la nécessité de conserver sa position dominante dans l'institution, le spiritualisme philosophique a finalement échoué à proposer une approche rénovée de l'éducation morale pour l'enfance populaire en se satisfaisant d'un compromis avec la religion instituée. Le propre de l'éducation morale religieuse et laïque telle que Buisson la comprend, au contraire, c'est de ne reposer sur aucun compromis avec les religions instituées. Sa force tient en ce qu'elle en subvertit toutes les catégories pour en proposer une synthèse supérieure : la communauté des croyants se dépasse dans l'Humanité, la foi en un Dieu personnel se dépasse en une foi morale et religieuse que l'individu tire de lui-même, de sa propre conscience. Ainsi le devoir, la foi, l'amour, l'espérance, le bonheur sont-ils désannexés des religions instituées pour être rendus, sans conditions, aux hommes et aux femmes à qui ils appartiennent. La morale religieuse laïque est ainsi une morale profondément humaine qui ne demande rien de plus aux hommes que de réaliser leur humanité ensemble, avec les seules forces que leur a données la nature.

Un tel projet suppose la redéfinition complète et sans concessions des principes et des fins de l'éducation publique : il s'agit de faire un homme nouveau. Dans ce programme réside le sens de l'éducation libérale, autre nom de l'éducation intégrale comprise comme aspiration incessante à l'idéal du Vrai, du Beau et du Bien.

1. Voir F. Buisson, « La libre pensée et la religion », dans *La Foi laïque*, *op. cit.*, p. 177-184.

CONCLUSION

Les différentes formulations du spiritualisme au XIXe siècle ont indéniablement, bien que diversement, permis de redéfinir les normes de l'éducation destinée à l'enfance populaire. C'est paradoxalement, à partir de 1880, dans l'ouvrage de Spencer sur l'éducation, *De l'éducation intellectuelle, morale et physique*, dont la traduction française paraît en 1879, que les réformateurs de la pédagogie de l'enseignement primaire trouvent la meilleure définition de leur idéal d'éducation morale : « Le but de l'éducation morale est de former un être apte à se gouverner lui-même, non un être apte à être gouverné par les autres. » La citation est plusieurs fois reprise, notamment dans le *Dictionnaire de pédagogie et d'instruction primaire*, ce qui ne vaut pas ralliement à la doctrine de Spencer, mais rassemblement autour du rejet unanime de toute hétéronomie morale. Ce rejet constitue le fond commun des diverses tendances du spiritualisme à l'origine de la réélaboration des principes et des fins de l'éducation morale scolaire laïque.

On identifie habituellement cette hétéronomie morale à la seule dogmatique religieuse. L'originalité du spiritualisme est de l'avoir identifiée également aux tendances matérialistes de la philosophie (ou considérées comme telles), s'affirmant ainsi comme une philosophie de la liberté doublement dressée contre l'orthodoxie religieuse, d'une part, contre des systèmes philosophiques dont les conséquences sont l'anéantissement de la liberté de l'homme, d'autre part. Entre ces deux bornes, le spiritualisme philosophique s'attache à reconstruire une anthropologie passant par une restauration des droits de l'esprit et du sujet. En démontrant la supériorité de l'esprit sur la matière, il rencontre la liberté comme un fait. Dans la nouvelle philosophie, la liberté de l'esprit ou du sujet est non seulement le signe distinctif et commun de l'humanité, mais elle est aussi une dimension inaliénable de l'existence humaine. Cette liberté de l'esprit, l'homme doit en faire quelque chose, il doit l'exercer pour développer son humanité. Elle est ainsi la condition d'un pouvoir de l'individu sur lui-même, d'une conquête de soi dont le principe est à chercher à l'intérieur de soi et non plus à l'extérieur : en cela s'affirme l'autonomie de l'homme désormais délié de toute dépendance à l'égard d'une force ou d'un principe hétéronomes. Le spiritualisme est ainsi au principe d'un Humanisme renouvelé. Mais il ne se contente pas d'un recentrage sur l'homme ; il fait de celui-ci un être dont la responsabilité première est de s'éduquer. Découvrant en lui-même sa liberté, il lui incombe de l'exercer de manière réglée, de la protéger, de la conserver, de la faire grandir.

L'éclectisme cousinien fournit le modèle de ce dessein en mettant au centre du programme de la philosophie rénovée le développement des facultés de l'âme, l'homme n'ayant, *in fine*, qu'un seul devoir, celui de se perfectionner. Toute éducation, tout processus éducatif engagent de cette manière un rapport à soi que Cousin traduit plus spécialement dans l'impératif de l'observation intérieure, Paul Janet dans l'exigence d'une pleine et entière appartenance à soi-même, Ferdinand Buisson dans celle d'un gouvernement de soi. On peut en contester la formule, la considérer comme dépassée, notamment en ce qu'elle suppose de métaphysique, de hiérarchisation entre l'âme et le corps, entre les facultés, de l'inférieur au supérieur ; reste qu'avoir philosophiquement posé le rapport à soi-même comme condition de l'éducation, un rapport à soi non médié par des clercs ou par des dogmes, revient à poser le principe d'un homme émancipé, libre et désormais responsable. C'est aussi retisser, dans des cadres laïques, le lien intrinsèque entre éducation et morale, prérogative du catholicisme pendant des siècles : la morale est l'affaire de l'intimité de la conscience pour un homme définitivement émancipé du dogme du péché originel. Avec son point d'appui dans une psychologie comprise comme théorie des facultés de l'âme accompagnée du principe de la connaissance de soi, la contribution propre du spiritualisme est ainsi d'avoir forgé, avec les outils de la philosophie, les conditions permettant de s'éduquer soi-même.

Avec les points d'appui trouvés dans l'histoire de la philosophie, dimension que Victor Cousin a définie comme intrinsèque à la philosophie elle-même, la philosophie spiritualiste n'a pas ignoré les acquis de la philosophie du XVIIIe siècle dans l'œuvre de laïcisation de la morale. D'où l'importance reconnue à la philosophie de Kant. La discussion sur les principes de la morale de Kant est au centre des préoccupations des philosophes spiritualistes ; on la retrouve jusque dans les leçons de morale d'Émile Durkheim qui reprend à son compte le principe de l'autonomie de la volonté tout en le reformulant dans les nouveaux cadres de la sociologie. L'originalité de l'entreprise spiritualiste, cependant, au regard de la philosophie de Kant, c'est qu'elle n'est pas seulement affaire de spéculation philosophique, mais d'action : la justesse des principes de la philosophie s'apprécient à l'aune de leur efficacité à répondre aux besoins de la société. L'idée que la philosophie doit avoir une utilité sociale, morale et politique, domine le siècle. Loin d'être le signe de l'impureté de la philosophie, le XIXe siècle y voit au contraire une dimension essentielle de l'activité philosophique. L'insistance de la philosophie spiritualiste sur la morale est une manière d'affirmer que la finalité de la philosophie ne saurait être la pensée close sur elle-même. Cette exigence commande l'usage de la philosophie de Kant, les corrections dont elle fait l'objet : on en loue le principe du devoir, on en déplore l'absence de sentiments propices à susciter une nouvelle foi. Le dévouement vient ainsi corriger le devoir. C'est aussi le rôle du sentiment religieux, l'un et l'autre étant compris comme ressorts de l'action.

La reconnaissance de la force du sentiment religieux n'est pas propre au spiritualisme philosophique ; il est intrinsèque au romantisme comme au libéralisme d'un Benjamin Constant. Mais l'interrogation sur le religieux, le besoin de religion, la place de la religion dans le nouvel ordre moral et social sont au cœur des développements du spiritualisme philosophique précisément parce que le renouvellement des croyances communes est au centre de son programme. Ce projet inscrit ses développements sous le signe de l'ambivalence : à la fois arc-bouté sur la défense d'un enseignement laïque de la philosophie, acquis du cousinisme, tout en se livrant à une captation de l'héritage chrétien qu'il contribue à laïciser. En marge des compromis de Cousin, le spiritualisme philosophique a en ce sens œuvré à construire et reconstruire « le religieux », le reconfigurant selon les besoins de la société libérale de la fin du XIXe siècle : cette société n'avait plus besoin des dogmes des Églises, elle avait en revanche besoin du sentiment religieux, puissant ressort qui nous relie à ce qui nous dépasse, cette dimension transcendante de l'existence pouvant indifféremment être identifiée à Dieu comme à l'idéal de liberté, d'égalité, de fraternité et de Justice propre aux sociétés démocratiques.

La reconstruction et la recomposition du religieux constituent la ligne de force et la dynamique de la pensée et de l'action de Buisson, empruntant des voies qui doivent davantage à sa culture religieuse et théologique qu'à sa formation de philosophe. C'est le programme de Quinet que Buisson cherche à réaliser, celui d'une réforme des consciences, achevant la réforme religieuse et condition d'une révolution politique et sociale réussie.

Ce que l'éducation morale laïque vise avant tout, c'est l'émancipation des consciences à l'égard de toute emprise cléricale. D'où l'exigence d'une culture morale, d'une « éducation consciencieuse de soi-même », selon la formule de Channing ; d'où la nécessité d'un idéal moral à la fois personnel et collectif permettant le réinvestissement du sacré hors des cadres confessionnels. L'ambition de Buisson en ce sens excède les cadres de l'éducation scolaire pour viser la formation d'un homme nouveau, le citoyen de la démocratie à venir. Le rôle du religieux prend ici toute sa signification : le rôle social des religions les prédispose à l'action, plus qu'à la spéculation, mais la force des religions est aussi de rassembler le plus grand nombre. Ce que la philosophie, par nature élitiste, ne peut réaliser.

Par là, le spiritualisme au XIXe siècle dans ses diverses expressions est aussi le lieu d'un affrontement inhabituel entre philosophie et religion : à côté des espaces où se livre le combat de l'autonomie contre l'hétéronomie, professeurs de philosophie contre clergé, enseignement laïque de la philosophie contre théologie, Université contre Église, s'ouvrent d'autres lieux où la rivalité se joue entre deux voies d'accès à l'autonomie et au gouvernement de soi, la philosophie d'un côté, la religion de l'autre. Le partage entre l'une et l'autre avait été clairement et précocement institué par Victor Cousin ; mais, dans son souci de réserver la philosophie à une élite, Cousin avait procédé à un partage dont la conséquence était de laisser le peuple aux mains des orthodoxies intactes. La force et l'originalité du modèle forgé par Buisson tiennent au contraire en ce qu'il ne repose sur aucun compromis avec les orthodoxies religieuses dont il subvertit toutes les catégories pour faire de la religion désormais laïque ou laïcisée le plus puissant des leviers d'adhésion, de rassemblement et d'émancipation.

En ce sens, la pensée de Buisson ne tient pas dans les cadres du spiritualisme d'école, pas plus que dans ceux du spiritualisme chrétien en lequel Clarisse Coignet croyait pourtant le reconnaître. Elle a davantage d'affinités avec le spiritualisme prophétique de Jaurès : l'un et l'autre partagent une critique méthodique, constante, sans concessions de l'orthodoxie religieuse qui n'est pas une critique de la religion ; l'un et l'autre « sauvent » la religion en en recueillant la capacité à combler les aspirations humaines les plus élevées, le besoin d'idéal ; l'un et l'autre identifient l'idéal religieux à l'idéal démocratique de justice, de liberté, de vérité et de progrès. « Il serait très fâcheux, il serait mortel de comprimer les aspirations religieuses de la conscience humaine », a pu écrire Jaurès, car ce sont « les grandes aspirations religieuses qui, sous la diversité des mythes, des symboles et des dogmes, ont soulevé l'esprit humain »[1].

Pour Buisson, c'est cet idéal religieux laïque universel qui doit inspirer l'éducation morale scolaire parce qu'il est l'âme de la démocratie. Ce programme, tout entier porté par l'école laïque et la morale enseignée dans les écoles nous éloigne de la tiédeur du sentiment religieux et de la religiosité dont la philosophie spiritualiste s'est colorée et qu'elle a cherché à insuffler dans les programmes.

À travers ses variations et ses dissonances, le spiritualisme atteste d'une même interrogation : celle de la place du religieux dans la morale commune et dans la démocratie à venir, une fois abandonnées les anciennes allégeances. Les réponses à cette question attestent de différents usages de la religion auxquels s'attachent des options politiques plus ou moins conservatrices, plus ou moins démocratiques. Il y a ainsi une arrière-garde et une avant-garde spiritualistes. La première est conservatrice au plan des mœurs et viscéralement méfiante à l'égard de la démocratie. Comme en atteste Cousin, le mot et la chose font peur : ils renvoient à un rapport dès l'origine troublé au principe de la souveraineté du peuple, marqué à la fois de la violence révolutionnaire et du césarisme installé par plébiscite. La liberté du peuple fait peur en ce qu'il n'aurait pas les moyens, ni intellectuels ni sociaux, de se contenir par lui-même ; la Révolution de 1848 est venue ranimer cette double hantise à laquelle répond *Justice et Charité*, doctrine de morale sociale à transmettre à l'enfant du peuple pour des générations. Dans ce contexte et aux yeux de ses contempteurs, la teinture religieuse de la doctrine ne pouvait qu'en aggraver le caractère rétrograde dans l'enseignement de la morale, mais aussi dans l'enseignement des filles. Dans un roman écrit de 1935 à 1937 et intitulé initialement *Primauté du spirituel*, allusion ironique à un essai alors célèbre de Jacques Maritain, Simone de Beauvoir reconnaît avoir voulu exprimer son dégoût, sa révolte contre le spiritualisme, instrument tout particulier de l'oppression des filles[2].

Ce conservatisme indéniable est néanmoins contredit par les affirmations de ceux qui, républicains, voire démocrates convaincus, se situent à l'avant-garde du spiritualisme : c'est Paul Janet défendant une liberté de penser étendue à tous, quels qu'en soient les risques, affirmant

1. Cité dans V. Peillon, *Jean Jaurès et la religion du socialisme*, Paris, Grasset, 2000, 3e partie, p. 216.

2. Roman réédité sous le titre *Anne, ou quand prime le spirituel*, Paris, Gallimard, 2006.

qu'à mesure que les hommes se serviront davantage de leur raison, ils s'en serviront mieux. C'est Ferdinand Buisson bataillant pour que les plus hautes aspirations morales inspirent l'éducation scolaire, œuvrant en faveur de l'émancipation des consciences, pour le progrès de la raison, de la liberté, de l'égalité, de la justice.

En dépit de ces deux grandes figures du spiritualisme philosophique et religieux, cette tradition individualiste et libérale à l'origine de la laïcité scolaire a néanmoins été largement escamotée, recouverte par le discrédit dans lequel est tombé le cousinisme et avec lui la philosophie française du XIXe siècle. À la question des sources intellectuelles de la laïcité scolaire, deux réponses sont en général données : les Lumières et le positivisme. C'est ignorer que le perfectionnisme moral au fondement de l'humanisme civique propre à la tradition républicaine française s'est forgé dans le spiritualisme. C'est méconnaître que le spiritualisme, dans ses expressions plurielles, par la réhabilitation de l'intériorité qu'il opère, était structurellement prédisposé aux usages éducatifs dont l'école républicaine et laïque avait besoin à la fin du XIXe siècle.

BIBLIOGRAPHIE

SOURCES IMPRIMÉES

BAUTAIN (L.), *Philosophie du christianisme*, Paris, Derivaux, Strasbourg, 1835.

BARNI (J.), *Le monde dans la démocratie*, Paris, Germer-Baillière, 1868.

BERGSON (L.), « La philosophie française », *La Revue de Paris*, 15 mars 1915, p. 236-256.

BOUGLÉ (C.), *Les maîtres de la philosophie universitaire en France*, Paris, Librairie Maloine, 1937.

BOUTROUX (É.), « Les récents manuels de morale et d'instruction civique », *Revue pédagogique*, t. 2, n°4, 15 avril 1883, p. 288-342.

– « Notice sur Paul Janet », extrait de l'*Annuaire de l'association des anciens élèves de l'École Normale*, Versailles, Imprimerie Cerf, 1900.

– *La philosophie de Kant. Cours de M. Émile Boutroux professé à la Sorbonne en 1896-1897*, Paris, Vrin, [1926], 1968.

BUISSON (F.), *Le christianisme libéral*, Paris, Cherbuliez, 1865.

– *Une réforme urgente dans l'instruction primaire*. Conférence donnée à la société publique à Neuchâtel le 5 décembre 1868.

– (dir.), *Dictionnaire de pédagogie et d'instruction primaire*, Paris, Hachette, 1887, 4 vol.

– *Conférences et causeries pédagogiques*, Paris, Hachette, 1888.

– « Leçon d'ouverture du cours de Science de l'éducation faite à la Sorbonne le 3 décembre 1896 », *Revue pédagogique*, n° 12, 15 décembre 1896, p. 581-605.

– *La Religion, la morale et la science. Leur conflit dans l'éducation contemporaine*, Paris, Fischbacher, 1901

– « L'instituteur et la république », *Grande Revue*, 10 novembre 1909, p. 3-27.

– Le rôle social de l'instituteur, *Bulletin trimestriel de l'Amicale primaire et de la Ligue autonome de l'Ain*, janvier 1910, n°31.

– (dir.), *Nouveau dictionnaire de pédagogie et d'instruction primaire*, Paris, Hachette, 1911.

– *La foi laïque. Extraits de discours et d'écrits, 1878-1911*, Paris, Hachette et Cie, 1912.
– *Souvenirs (1866-1916)*, Paris, Fischbacher, 1916.
– « Le fond religieux de la morale laïque », *Revue pédagogique*, n°4, avril 1917.
– *Leçons de morale*, Paris, Hachette, 1926.
– *Un moraliste laïque, Ferdinand Buisson, pages choisies* par Célestin Bouglé, Paris, Alcan, 1933.
— et WAGNER (C.), *Libre pensée et protestantisme libéral*, Paris, Fischbacher, 1903.
— et SEAILLES (G.) (s.d.), *Ce que doit être la libre pensée*, Paris, Librairie de la Raison.
CARO (E.), *L'idée de Dieu et ses nouveaux critiques*, Paris, Hachette, 1864.
– *Études morales sur le temps présent*, Paris, Hachette, 1887.
CHANNING (W. E.), *De l'éducation personnelle ou la culture de soi-même*, dans LABOULAYE (E.), *Œuvres sociales de Channing*, Paris, Charpentier et Cie Éditeurs, [1838] 1854, p. 9-84.
COIGNET (C.), *La morale indépendante dans son principe et dans son objet,* Paris, Garnier-Baillier, 1869.
– *La morale dans l'éducation*, Paris, Librairie Ch. Delagrave, 1883. L'ouvrage est la 2e édition du *Cours de morale à l'usage des écoles laïques*, Paris, Le Chevalier éditeur, 1874.
– *Où allons-nous ?,* Paris, Paulin et Cie éditeurs, 1903.
COMPAYRÉ G., *Éléments d'éducation civique et morale*, Paris, Garcet, Nisius et Cie Éditeurs, 1880.
– « Pédagogie (Histoire de la) », dans *Dictionnaire de pédagogie et d'instruction primaire*, Supplément, Paris, Hachette, 1887, p. 3047-3052.
– *Psychologie appliquée à l'éducation*, 1re partie, *Notions théoriques*, Paris, Librairie classique Paul Delaplane, 1889.
– *Psychologie appliquée à l'éducation*, 2e partie, *Application*, Paris, Librairie classique Paul Delaplane, 1889.
CONSTANT (B.), *De la religion considérée dans sa source, sa forme et ses développements,* Paris, Pichon et Didier, 1824-1831, 5 vol.
COMTE (A.), « Considérations sur le pouvoir spirituel », *Le Producteur. Journal de l'industrie, des Sciences et des Beaux-Arts*, Sautelet et Cie Libraires, tome 1, 1825, p. 596-616, tome 2, 1826, p. 314-329, 358-376.
COUSIN (V.), *Du vrai principe de la morale*, dans *Premiers essais de philosophie*, Paris, Didier et Cie, Libraires-éditeurs, 1817, p. 338-357.
– Préface aux *Fragments philosophiques pour servir à l'histoire de notre temps*, 1re édition, [1826], 2e édition, [1833], tome V, Genève, Slatkine reprints, 1970.
– *Introduction à l'histoire de la philosophie*, Paris, Pichon et Didier éditeurs, 1828.
– *Préface* à la traduction du *Manuel d'histoire de la philosophie* de Tennemann, Paris, A. Sautelet, 1829.

– *Introduction aux œuvres de Maine de Biran*, dans *Fragments philosophiques pour servir à l'histoire de notre temps*, 2e édition, [1834], tome V, Genève, Slatkine reprints, 1970.
– *Discours prononcé à la Chambre des Pairs, dans la séance du 28 décembre 1838, sur la renaissance de la domination ecclésiastique, accompagné de pièces à l'appui*, Paris, Ladrange, 1839.
– *Rapport à la Chambre des Pairs au nom d'une Commission spéciale chargée de l'examen du projet de loi sur l'instruction primaire, le 21 mai 1833*, dans *Fragments littéraires*, Paris, Didier Libraire-éditeur, 1843.
– *Introduction au cours d'histoire de la philosophie morale*, édition É. Vacherot, Paris, Ladrange, 1844.
– *Défense de l'Université et de la philosophie*, Paris, Joubert, 1844.
– *Philosophie populaire*, Paris, Pagnerre, Paulin et Cie, 1848.
– *Justice et Charité*, Paris, Pagnerre, Paulin et Cie, 1848.
– *Du Vrai, du Beau, du Bien*, Paris, Didier et Cie, Libraires-Éditeurs, 1853.
– *Premiers essais de philosophie*, Paris, Didier et Cie Libraires-Éditeurs, 1862.
– *Des principes de la Révolution française et du gouvernement représentatif suivi de discours politiques*, Paris, Didier et Cie, Libraires Éditeurs, 1864.
DAMIRON (J.-P.), *Essai sur l'histoire de la philosophie en France au dix-neuvième siècle*, Paris, Ponthieu et Cie, Libraire, 1828.
DE STAËL (G.), *De l'Allemagne* [1815], Paris, Garnier-Flammarion, 1968, 2 vol.
DOM BESSE (R. P.), *Les religions laïques. Un romantisme religieux*, Paris, Nouvelle Librairie Nationale, 1913.
DURKHEIM (E.), « Le dualisme de la nature humaine et ses conditions sociales », dans *Scientia*, XV, 1914, p. 206-221.
– « L'avenir de la religion », dans *Le sentiment religieux à l'heure actuelle*, Paris, Vrin, 1914, p. 97-105.
– *Sociologie et philosophie*, Paris, Alcan, 1924.
– *L'éducation morale*, Paris, P.U.F., [1924], 1992.
– *L'évolution pédagogique en France*, Paris, P.U.F., 1938.
FRANCK (A.) (dir.), *Dictionnaire des Sciences philosophiques*, Paris, Hachette, [1852], 1875.
– *Morale pour tous*, Paris, Hachette, 1880.
– *L'idée de Dieu dans ses rapports avec la science*, Paris, Georges Carré éditeur, Librairie de la Ligue contre l'athéisme, 1891.
JANET (P.), « Une nouvelle défense du spiritualisme », *Revue des Deux Mondes*, mai-juin 1862, p. 1033-1037.
– *La crise philosophique et les idées spiritualistes. MM. Taine, Renan, Littré, Vacherot*, Paris, Germer Baillière, 1865.
– « La liberté de penser », *Revue des Deux Mondes*, septembre 1866, p. 34-50.
– « Philosophie et religion », *Revue des Deux Mondes*, 15 mai 1869, p. 334-367.
– *Petits éléments de morale*, Paris, Delagrave, 1870.
– *La Morale*, Paris, Delagrave, 1874.
– *Philosophie de la Révolution française*, Paris, Germer Baillère, 1875.

– *La philosophie française contemporaine*, Paris, Calmann-Lévy, 1879.
– « Rapport présenté à la Section permanente sur le programme d'un cours de morale dans les Écoles normales primaires, le 21 janvier 1881 », *Revue pédagogique*, 1, 1881, p. 206-212.
– *Cours de morale à l'usage des Écoles normales primaires,* 1re année, « Psychologie et morale théorique », Paris, Librairie Charles Delagrave, 1881.
– *Victor Cousin et son œuvre*, Paris, Hachette, 1885.
JOUFFROY (T.), *Mélanges philosophiques*, Paris, Hachette, 1833.
KANT (E.), *Réflexions sur l'éducation*, [1803], Paris, Vrin, 1966.
LABOULAYE (E.), *Œuvres sociales de Channing*, Paris, Charpentier et Cie Éditeurs, 1854.
LALANDE (A.), *Vocabulaire technique et critique de la philosophie*, Paris, P.U.F., 1926.
LAMENNAIS (F. de), *Essai sur l'indifférence en matière de religion*, Paris, Tournachon-Molin, 1817-1823, 4 vol.
– *Mélanges religieux et philosophiques*, dans *Œuvres complètes*, Bruxelles, Société belge de librairie, 1839, tome 2.
MAINE DE BIRAN, *De l'aperception immédiate*, [1807], Paris, Vrin, 1995.
MARET (H.), *Essai sur le panthéisme dans les sociétés modernes*, Paris, Librairie Méquignon et Leroux, 1845, (3e édition).
MARION (H.), *Devoirs et droits de l'homme*, Paris, Librairie centrale des publications populaires, 1880.
– *Leçons de psychologie appliquée à l'éducation*, Paris, Colin, 1882.
– *Leçons de morale*, Paris, Colin, 1882.
– « Philosophie », dans *Dictionnaire de pédagogie et d'instruction primaire*, Paris, Hachette, 1887, 2e partie, p. 2364-2368.
– « Psychologie », dans *Dictionnaire de pédagogie et d'instruction primaire*, Paris, Hachette, 1887, 1re partie, p. 2482-2486.
PECAUT (F.), *De l'avenir du théisme chrétien considéré comme religion*, Paris, Cherbuliez, 1864.
– *De l'avenir du protestantisme en France*, Paris, Cherbuliez, 1865.
QUINET (E.), *De la liberté de discussion en matière religieuse. Discours prononcé au Collège de France le 10 mai 1843*, Paris, Imprimerie Lange Lévy et Comp., 1843.
– *L'enseignement du peuple*, Paris, Hachette, 1850.
– *La révolution religieuse au XIXe siècle*, [1857], Paris, Hachette, 2001.
– *La Révolution ;* précédée de *La critique de la Révolution*, [1865], Paris, Librairie Hachette et Cie, 1876, 3 vol.
RAVAISSON (F.), *Rapport sur la philosophie en France au XIXe siècle*, [1867], Paris, Fayard, « Corpus des philosophes de langue française », 1984.
ROBIQUET (P.), *Discours et opinions de Jules Ferry*, Paris, Armand Colin, 1898, tome IV.

SAISSET (E.), *Essais sur la philosophie et la religion au XIXe siècle*, Paris, Charpentier Librairie Éditeur, 1845.

SCHLEIERMACHER (F.), *De la religion. Discours aux personnes cultivées d'entre ses mépriseurs*, [1799], Paris, Van Dieren Éditeur, 2004, (trad. B. Reymond).

SIMON (J.), *Le devoir*, Paris, Hachette, 1854.

– *La religion naturelle*, Paris, Hachette, 1856.

– *L'école*, Paris, Lacroix, 1865.

– *Le livre du petit citoyen*, Paris, Librairie Hachette et Cie, 1880.

– *Victor Cousin*, Paris, Hachette, 1887.

STEEG (J.), *De la mission du protestantisme dans l'état actuel des esprits*, Paris, Librairie de la Suisse romande, 1867.

– *Instruction morale et civique. L'homme. Le citoyen*, Paris, Librairie classique N. Fauvé et F. Nathan, 1882.

COMMENTAIRES

Annales bergsoniennes, V. *Bergson et la politique : de Jaurès à aujourd'hui*, Paris, P.U.F., 2012.

BEAUFRET (J.), *Notes sur la philosophie en France au XIXe siècle*, Paris, Vrin, 1984.

BENICHOU (P.), *Le temps des prophètes. Doctrines de l'âge romantique*, « Bibliothèque des idées », Paris, Gallimard, 1977.

BILLARD (J.), *De l'école à la République. Guizot et Victor Cousin*, Paris, P.U.F., 1999.

CABANEL (P.), *Le Dieu de la République. Aux sources protestantes de la laïcité (1860-1900)*, Presses universitaires de Rennes, 2003.

CASTORIADIS (C.), « Imaginaire politique grec et moderne », dans *La montée de l'insignifiance. Les carrefours du labyrinthe*, 4, Paris, Seuil, 1996, p. 191-219.

CHEVALLIER (P.), *La séparation de l'Église et de l'école. Jules Ferry et Léon XIII*, Paris, Fayard, 1981.

COTTEN (J.-P.), « Spiritualisme », dans *Encyclopédie philosophique universelle, les notions*, t. II, vol. 2, Paris, P.U.F., 1990, p. 2444-2446.

– *Autour de Victor Cousin. Une politique de la philosophie*, Paris, Les Belles Lettres, 1992.

DENIS (D.) & KAHN (P.), *L'École républicaine et la question des savoirs. Enquête au cœur du Dictionnaire de pédagogie de Ferdinand Buisson*, Paris, CNRS Éditions, 2003.

– *L'École de la Troisième République en questions. Débats et controverses dans le Dictionnaire de pédagogie de Ferdinand Buisson*, Berne, Peter Lang, 2006.

DOMENECH (J.), *L'éthique des Lumières. Les fondements de la morale dans la philosophie française du XVIIIe siècle*, Paris, Vrin, 1989.

DOUAILLER (S.), MAUVE (C.), NAVET (G.) *et al.*, *La Philosophie saisie par l'État, petits écrits sur l'enseignement philosophique en France, 1789-1900*, Paris, Aubier, 1988.

— et DROIT (R.-P.), VERMEREN (P.), *Philosophie, France, XIXe siècle. Écrits et opuscules*, Paris, Le Livre de poche, 1994.

DUBOIS (P.), « Les philosophes dans le *Dictionnaire de pédagogie et d'instruction primaire de Ferdinand Buisson* », dans *Pour une philosophie de l'éducation*, Actes du colloque « Philosophie et formation des maîtres », Dijon, octobre 1993, Dijon, CRDP de Bourgogne, 1994.

– *Le Dictionnaire de Ferdinand Buisson. Aux fondations de l'école républicaine (1878-1911)*, Berne, Peter Lang, 2002.

— et BRUTER (A.), *Le Dictionnaire de pédagogie et d'instruction primaire de Ferdinand Buisson. Répertoire biographique des auteurs*, Paris, INRP, 2002.

FABIANI (J.-L.), *Les philosophes de la République*, Paris, Minuit, 1988.

FAUQUET (E.) (dir.), *Victor Cousin, Homo théologico-politicus*, Paris, Kimé, 1997.

GAUCHET (M.), *L'avènement de la démocratie. I – La révolution moderne*, Paris, Gallimard, 2007.

GAUTHERIN (J.), *Une discipline pour la République. La Science de l'éducation en France (1882-1914)*, Berne, Peter Lang, 2003.

GERBOD (P.), *L'Université et la philosophie de 1789 à nos jours*, Actes du 95e Congrès national des Sociétés savantes, tome 1, Paris, Bibliothèque nationale, 1974, p. 237-330.

GOBLOT (J.-J.), *La Jeune France libérale. Le Globe et son groupe littéraire, 1824-1830*, Paris, Plon, 1995.

GRONDREUX (J.), *La religion des intellectuels français au XIXe siècle. Essai sur les origines de la modernité religieuse*, Toulouse, Privat, 2004.

GUEISSAZ-PEYRE (M.), *L'image énigmatique de Ferdinand Buisson. La vocation républicaine d'un saint puritain*, « Thèse à la carte », Lille, Presses universitaires du Septentrion, 1998.

– « Place du syncrétisme unitarien et de l'éducation libérale de William Channing dans le Dictionnaire de pédagogie et dans l'invention d'une tradition libérale en France », dans DENIS (D.) et KAHN (P.) (éd.), *L'École de la Troisième République en questions. Débats et controverses dans le Dictionnaire de pédagogie de Ferdinand Buisson*, Berne, Peter Lang, 2006, p. 141-167.

-(éd.), *Ferdinand Buisson : La foi laïque. Extraits de discours et d'écrits, 1878-1911*, Bordeaux, Le Bord De L'eau éditions, 2007.

JACQUET-FRANCILLON (F.), *Naissances de l'école du peuple. 1815-1870*, Paris, éditions de l'Atelier, 1995.

– « Éducation, éducabilité », dans JACQUET-FRANCILLON (F.), D'ENFERT (R.) et LOEFFEL (L.) (dir.), *Une histoire de l'école. Anthologie de l'éducation et de l'enseignement. XVIIIe-XXe siècle*, Paris, Retz, 2012, p. 37-45.

JAUME (L.), *L'individu effacé ou le paradoxe du libéralisme français*, Paris, Fayard, 1997.

KAHN (P.), *L'instituteur et le philosophe. Essai sur la constitution et le sens du discours pédagogique de l'école républicaine, 1878-1914*, Mémoire d'Habilitation à diriger des recherches, Université de Paris V, 2004.

– *Philosophie et pédagogie dans le Dictionnaire : la question du sensualisme*, dans DENIS (D.) et KAHN (P.) (éd.), *L'École de la Troisième République en questions. Débats et controverses dans le Dictionnaire de pédagogie de Ferdinand Buisson*, Berne, Peter Lang, 2006, p. 91-105.

LALOUETTE (J.), *La libre pensée en France, 1848-1940*, Paris, Albin Michel, 1997.

LEFORT (C.), *Essais sur le politique, XIXe-XXe siècle*, Paris, Seuil, 1986.

LEGRAND (L.), *L'influence du positivisme dans l'œuvre scolaire de Jules Ferry. Les origines de la laïcité*, Paris, Marcel Rivière, 1961.

LELIEVRE (C.), *Jules Ferry. La république éducatrice*, Paris, Hachette, 2000.

LOEFFEL (L.), *La morale à l'école selon Ferdinand Buisson*, Paris, Tallandier, 2013.

– « La construction spiritualiste de la morale laïque ou le projet de fondation de l'autonomie du sujet », dans BARTHELME (B.), HUSSER (A.-C.) et PICQUE (N.) (dir.), *Les sources de la morale laïque. Héritages croisés*, Lyon, ENS éditions, 2009, p. 103-121.

– « Aux sources de l'éducation laïque et libérale : spiritualisme et libéralisme en France au XIXe siècle », dans LOEFFEL (L.) (coord.), *Libéralisme et éducation, Les Sciences de l'éducation. Pour l'Ère nouvelle*, CERSE, Université de Caen, vol. 41, n°2, 2008, p. 25-42.

– « Conversion laïque, présence religieuse et religiosité dans le *Dictionnaire de pédagogie* », dans DENIS (D.) et KAHN (P.) (éd.), *L'École de la Troisième République en questions. Débats et controverses dans le Dictionnaire de pédagogie de Ferdinand Buisson*, Berne, Peter Lang, col. « Exploration », 2006, p. 125-139.

– « Laïcité et culture morale dans les débuts de la Troisième République : le rendez-vous manqué de la philosophie ? », dans DROUIN-HANS (A.-M.) (dir.), *La philosophie saisie par l'éducation*, Actes du colloque international, Université de Dijon décembre 2003, Scérén, CRDP, Académie de Bourgogne, Tome 1, *Rêver l'égalité, penser la culture*, 2005, p. 265-277.

– (dir.), *Ferdinand Buisson. Fondateur de la laïcité, militant de la paix*, Scérén, CRDP de l'académie d'Amiens, 2004.

– *La question du fondement de la morale laïque sous la Troisième République (1870-1914)*, Paris, P.U.F., 2000.

MANENT (P.), *Histoire intellectuelle du libéralisme*, Paris, Hachette, 2006.

MAUVE (C.), *La querelle du panthéisme*, Le Cahier du Collège international de philosophie, 1987, n° 4.

NICOLET (C.), *L'idée républicaine en France. 1789-1925*, Paris, Gallimard, 1982.

NIQUE (C.) et LELIEVRE (C.), *La République n'éduquera plus. La fin du mythe Ferry*, Paris, Plon, 1993.

OGNIER (P.), *Une école sans Dieu ? 1880-1895*, Toulouse, Presses universitaires du Mirail, 2008.

– « La « Morale indépendante » sous le Second Empire (1865-1870) », dans DIERKENS (A.) (éd.), *L'intelligentsia européenne en mutation. 1850-1875. Darwin, le Syllabus et leurs conséquences*, Bruxelles, Éditions de l'Université de Bruxelles, 9/1998, p. 155-174.

– « Les devoirs envers Dieu au programme de morale de l'école primaire laïque », dans *Enseigner l'histoire des religions*, Actes du colloque de Besançon, 20/21 novembre 1991, CRDP de Besançon, 1991, p. 255-267.

PEILLON (V.), *Une religion pour la République. La foi laïque de Ferdinand Buisson*, Paris, Seuil, 2010.

– *La Révolution française n'est pas terminée*, Paris, Seuil, 2008.

POUCET (B.), *Enseigner la philosophie. Histoire d'une discipline scolaire. 1860-1990*, Paris, CNRS Éditions, 1999.

SOULIÉ (S.), *Les philosophes en République. L'aventure intellectuelle de la Revue de métaphysique et de morale et de la Société française de philosophie (1891-1914)*, Presses Universitaires de Rennes, 2009.

SPITZ (J.-F.), *Le moment républicain en France*, Paris, Gallimard, 2005.

THOUARD (D.), *Schleiermacher, communauté, individualité, communication*, Paris, Vrin, 2007.

VERMEREN (P.), *Victor Cousin. Le jeu de la philosophie et de l'État*, Paris, L'Harmattan, 1995.

VIALLANEIX (P.), « La révocation selon Michelet », dans *Foi et vie*, LXXXIV, n° 4, 1985, p. 45-60.

INDEX NOMINUM

INDEX RERUM

TABLE DES MATIÈRES

CHAPITRE III

ÉDUCATION MORALE

CHAPITRE IV

UNE ÉDUCATION POUR LA DÉMOCRATIE ?

Achevé d'imprimer par Corlet Numérique - 14110 Condé-sur-Noireau
N° d'Imprimeur : 113762 - Dépôt légal : décembre 2014 - *Imprimé en France*